当代职业伦理教育丛书

总主编◎庄严

旅游从业人员伦理学

杨艳丽◎主编

黑龙江大学出版社
HEILONGJIANG UNIVERSITY PRESS

图书在版编目(CIP)数据

旅游从业人员伦理学／杨艳丽主编．――哈尔滨：
黑龙江大学出版社，2010.8
（当代职业伦理教育丛书／庄严主编）
ISBN 978－7－81129－319－7

Ⅰ．①旅… Ⅱ．①杨… Ⅲ．①旅游服务－职业道德
Ⅳ．①F590.63

中国版本图书馆 CIP 数据核字(2010)第 155771 号

书　　　名	旅游从业人员伦理学
著作责任者	杨艳丽　主编
出　版　人	李小娟
责 任 编 辑	管小其　杜红艳
出 版 发 行	黑龙江大学出版社（哈尔滨市学府路74号　150080）
网　　　址	http://www.hljupress.com
电 子 信 箱	hljupress@163.com
电　　　话	(0451)86608666
经　　　销	新华书店
印　　　刷	黑龙江省教育厅印刷厂
开　　　本	710×980　1/16
印　　　张	10.5
字　　　数	177.4千
版　　　次	2010年9月第1版　2010年9月第1次印刷
书　　　号	ISBN 978－7－81129－319－7
定　　　价	25.00元

本书如有印装错误请与本社联系更换。

版权所有　侵权必究

当代职业伦理教育丛书

总 主 编：庄 严
副总主编：周 全

《旅游从业人员伦理学》

主　编：杨艳丽
副主编：李　丽　孙　晓
主　审：张彭松

《当代职业伦理教育丛书》
总　序

我国是文明古国、礼仪之邦,是崇尚道德的国家,其德治传统源远流长。道德大概主要有两种价值取向,于国家而言用以治国,于个人而言则为修身。我国上古文化典籍《易经·说卦》说"立人之道曰仁与义";教育元典《大学》将对大学之道的认识,高度浓缩为"大学之道在明明德,在亲民,在止于至善"一句话;唐代韩愈在《师说》中规定了教师的职责,"师者,所以传道授业解惑也"。可见,中华文化在其肇始与成熟期,就突出强调"道"、"德"、"仁"、"义"在治国与做人中的重要性和不可或缺性,尤其强调"德化"的作用与"道德"的力量。

我国传统文化的一大特点是绵延不绝、与时偕行。时至今日,现代社会生活中,传统伦理道德思想仍然发挥着重要作用。在当下,上自国家层面的以德治国与和谐社会建设,下至平民百姓中的日常生活,修身、齐家、治国、平天下等传统思想已渗入每个人的血液中,内化为民族性格,升华为治国方略,无时无刻不在调节着人与人、人与社会之间的关系。正如《礼记·乐记》中指出的,"伦理"一词之初意,是古代玉人顺着"玉"的纹理琢磨,引申为有条不紊的"条理",又由自然条理意义指向人文社会秩序。先人们已经深刻地认识到,人一生下来就处在与他人的关系之中,协调人与人之间的种种关系,即种种伦理,乃是人一生之事业。今天,我们的思维方式和行为方式,仍然离不开"道德",离不开"伦理",如大家所熟知的医生讲医德、教师讲师德、商人讲诚信等在社会中依然发挥着重要的作用,各行各业都隐性地存在着一个看不见、摸不着,但又无处不在如影随形的道德潜意识、潜规则。可以说,中华民族的每一成员都在道德光辉的沐浴中,得以立世处事。

需要指出的是,我国传统思想文化中的人文精华,已被现代自然科学成果所证实。据研究,一个人成功的决定性因素并不在智商的高低,而在情商之多寡。也有人把智商称为智力因素,把情商称为非智力因素,还有人测算出智商与情商之比为3:7。可见,情商在现代社会人的成长与成才中已居于主要地位,起着决定性作用,说白了,成功者的秘诀取决于情商。所以,作为社会培养专门人才的高等院校,在传道授业解惑的同时,更应依据现代科学研究成果,投入必要的时间和精力,开发人的情商,致力于挖掘当代大学生的情商"富矿",培养其高尚的道德情操。

我们认为,无论是古代社会的士、农、工、商,还是当今社会中的各类职业人士,抑或是正在接受各类高等教育的"准社会人",其存在于天地间、社会中的根本,还是要坚守住道德底线,譬如儒家所提倡的仁义礼智信、温良恭俭让等,也就是类似于我们今天所讲的职业道德、伦理道德。然而,我们不得不面对的是,在市场经济体制日趋完善、工业化程度日益提高、人们的生活水平逐渐小康化的今天,国人的道德操守、仁义之心、浩然正气、亲亲意识却离我们越来越远。这些令人忧虑的问题,在当代大学教育中也不同程度地存在着。

培养什么人和怎样培养人,是教育的永恒主题。对于大学而言,无论是研究型大学还是非研究型大学,都无法回避这一课题。尤其像绥化学院这样的新建本科院校,本科教育历程短、特色不尽鲜明、影响力也不大,其立校之本是什么,如何在日趋激烈的高等教育竞争中赢得一席之地,这是长期以来我们一直思考的问题。换句话说,摆在我们面前的"培养什么人"、"怎样培养人"的"大学之思"更加突出、更为尖锐、更难以回答。为此,我们全校师生进行了不懈的追求与探索。从在全省率先开展顶岗实习支教、志愿支援乡村教育,到关爱留守儿童、空巢老人;从探索师范生培养模式,主动为农村基础教育服务,到思想政治理论课教学改革,求索的脚步从未停止过。

"天道无亲,常与善人",辛勤的汗水必然结出累累的硕果。2009 年,我院的"五练一熟、顶岗支教、服务农村——地方院校师范生培养模式的创新与实践"获国家优秀教学成果二等奖、黑龙江省优秀教学成果一等奖;始于2007 年的关爱农村留守儿童活动,得到中央领导、黑龙江省委领导和黑龙江省教育厅领导的高度肯定,取得了"一项活动教育两代人"的良好社会效益,受到社会各界的广泛好评;由实习支教、关爱留守儿童而衍生出来的思想政治理论课实践教学改革的经验与做法,得到了黑龙江省委副书记杜宇新的充分肯定,黑龙江省教育厅也建议在全省高校推广这种做法。所有这些教育教学改革与实践的目的归结为一点,就是回答教育的根本问题,即培养什么人和怎样培养人,怎样做人做事的问题。

探索者前行的脚步永远不会停歇,深化思想政治理论课实践教学改革的具体举措正在我院全面展开。这是绥化学院人继师范生培养模式改革之后,又一重大的教学改革举措。其核心要义有四:

第一,认真贯彻落实《中共中央国务院关于进一步加强和改进大学生思想政治教育的意见》和《中共中央宣传部、教育部关于进一步加强和改进高等学校思想政治理论课的意见》文件精神,在形成系统改革思路的基础上,认真总结和深入研究2008年以来我校大学生社会实践活动和思想政治理论课教育教学改革的实践经验,加以整体推进,取得实际效果,切实提升大学生思想政治素质。

第二,在贯彻落实好党中央、国务院的思想政治理论课教育改革精神框架内,结合自身实际,创新大学生思想政治教育模式,坚持以"让学生从被动接受式教育转变为主动参与教育,以独立的主体身份在实践中进行自我教育"为理念,对目前我校正在实施的大学生思想政治理论课教学改革进行深入、系统的理性思考,积极探索和完善新时期适应当代大学生思想政治教育需要的,符合大学生认知规律、成长成才规律的教育教学模式。

第三,教学改革的目的是结合思想政治理论课的实际,立足于有利于提高思想政治理论课教学的针对性、实效性、吸引力和感染力,有利于培养当代大学生的思想政治素质的出发点,旨在提升学生运用马克思主义的基本原理、立场、观点和方法分析问题、解决问题的能力。在内容上,坚持理论与实践相结合,围绕思想政治理论课"课堂教学+实践教育"模式进行改革,在师资队伍建设、课程建设、"三论式"教学法、马克思主义理论学科建设等方面进行改革,突出绥化学院教学改革特色。

第四,在大学生体验式、感受式教育的思想政治理论课教学改革基础上,试图进一步探索在专业课教学中,对学生进行伦理道德教育,解决专业课教育中只教书不育人的问题,专业教育与思想政治教育相脱离的问题。学科交融的理念给我们以启示,专业教育与伦理教育相融的人本教育,可能更为学生所接受。

大教育家孔子说过,"性相近也,习相远也"。其意是,人的天性都是相近的,由于后天环境和教育的作用,而使其有所不同。面对绥化学院这样的本科院校的受教群体,我们必须遵循他们的特点,有的放矢,因材施教,增强人才培养的针对性。一个人的智力水平总是有限的,在智力相当或已无提升可能的情况下,与其事倍功半地继续提高受教者的智商水平,不如另辟蹊径,转而培养其情商能力,即做人的能力,使情商大大高于同类人,从而在社会上立足,并为长远发展筑牢道德基础。绥化学院正是在庄严院长的这一思想指导下,在庄严与周全共同策划下,以专业化伦理道德教育为切入点,组织经济管理学院、旅游与资源管理系、音乐系、生物与食品工程系的青年教师,编写了包括《营销从业人员伦理学》、《旅游从业人员伦理学》、《食品从业人员伦理学》、《音乐从业人员伦理学》等在内的《当代职业伦理教育丛书》。以期从新生入学之日起,就对其进行专业伦理教育,使他们沿着正确的人生轨迹前行。此次策划出版的《当代职业伦理教育丛书》既是绥化学院总体教育教学改革的延续与具体化的标志之一,也是教育教学改革深入到核心领域——课堂教学改革的尝试。

以上是笔者对本校教育教学改革思想及其实践路径的简要梳理与归纳,并借此说明编辑此套教材的缘起。

顾建高
2010 年 7 月 16 日

目 录

第一章 旅游管理专业导论 …………………………………………… 1
  第一节 旅游业发展趋势 …………………………………………… 1
  第二节 国内外旅游教育的发展历程及特点 …………………… 4
  第三节 旅游管理专业人才培养 ………………………………… 11
第二章 国内外伦理思想的借鉴与启示 …………………………… 15
  第一节 国内外伦理思想概要 …………………………………… 15
  第二节 国内外伦理思想对我国旅游业发展的启示 …………… 24
第三章 旅游企业伦理体系的构建 ………………………………… 37
  第一节 旅游企业伦理的重要内涵 ……………………………… 37
  第二节 旅游企业伦理的实践及体系构建 ……………………… 50
  第三节 诚实守信是旅游企业的社会责任 ……………………… 56
第四章 旅游市场的伦理规范 ……………………………………… 59
  第一节 旅游市场中的伦理关系 ………………………………… 59
  第二节 旅游市场的伦理建设 …………………………………… 62
  第三节 旅游业的可持续发展 …………………………………… 66
  第四节 案例分析 ………………………………………………… 71

第五章　旅游消费的伦理导向 …………………………………… 76
第一节　旅游消费的特点及作用 ……………………………… 76
第二节　旅游消费的伦理考察 ………………………………… 83
第三节　旅游消费伦理建设 …………………………………… 85

第六章　旅游从业人员的伦理规范 …………………………………… 91
第一节　生活伦理 ……………………………………………… 91
第二节　交往伦理 ……………………………………………… 94
第三节　精神伦理 ……………………………………………… 99

第七章　旅游职业道德 ………………………………………………… 107
第一节　职业道德 ……………………………………………… 107
第二节　旅游职业道德 ………………………………………… 110
第三节　旅游从业人员应具有的基本职业道德 ……………… 114
第四节　旅游行业行为的伦理失范现象 ……………………… 117
第五节　旅游职业的伦理教育 ………………………………… 125

第八章　旅游职业道德要求的内化 …………………………………… 131
第一节　旅游职业道德修养与职业道德教育的要求 ………… 131
第二节　旅游职业道德修养与职业道德教育的内容 ………… 135
第三节　人生价值与旅游职业道德修养和教育的方法 ……… 139
第四节　塑造完美的理想人格 ………………………………… 150

后　　记 ………………………………………………………………… 158

第一章 旅游管理专业导论

第一节 旅游业发展趋势

真正意义上的大规模旅游业兴起于第二次世界大战之后,在国际环境相对稳定、科技高速发展、交通运输业发达、人们收入大幅提高、人的生活和消费观念改变、带薪休假制度产生和兴起的情况下,人们的旅游需求日益高涨,旅游业得到了蓬勃的发展。根据世界旅游理事会发表的年度报告,自1992年起,旅游业已经成为世界上规模最大的产业,不论从总收入、就业、增值、投资和纳税等方面,旅游业的发展都为世界和各国经济的发展作出了重大的贡献。

一、我国旅游业的发展现状

1. 旅游基础设施不断完善。旅游业的两大主要产业:饭店产业和旅行社产业都得到了空前的发展。2008年,全国星级饭店的总体规模继续保持稳步增长,到2008年末,全国共有星级饭店14099家,比上年末增加516家,增长了3.8%;拥有客房159.14万间,比上年末增加1.76万间,增长了1.1%。到2008年末,全国纳入统计范围的旅行社共有20110家,比上年末增加1167家,其中国际旅行社1970家,比上年末增加173家,国内旅行社18140家,比上年末增加994家。

2. 入境旅游持续稳定增长。随着我国综合国力持续的上升、国际影响不断的扩大、市场拓展的深入,入境旅游得到持续稳定的增长。2007年,全国国际旅行社共招徕入境游客1373.04万人次、5821.87万人天,分别比上年增长24.0%和22.1%;经旅行社接待的入境游客为2175.14万人次、

6378.70万人天,分别比上年增长17.3%和20.9%。当然由于2008年的全球经济危机,旅游业也受到很大的影响。

3. 国内旅游持续全面增长。国内旅游是旅游量最大、潜力最深、基础性最强的,居民出游人数持续增长。2007年,全国旅行社共组织国内过夜旅游者8424.48万人次、26391.76万人天,分别比上年增长11.1%和15.1%;经旅行社接待的国内过夜旅游者为10631.69万人次、23742.45万人天,分别比上年增长10.5%和11.2%。

4. 出境旅游保持快速增长的态势。随着社会经济的不断发展,我国人民生活水平得到不断提升,出国旅游的目的地不断增多,出境旅游保持了快速增长的速度,出游范围更加宽广、出游方式更加灵活、出游规模日益扩大。2007年,我国人民出国(境)旅游市场继续快速发展,旅游的目的地不断增加。2007年,我国人民出境人数达到4095.40万人次,比上年增长18.6%。出境第一站按人数排序,列前十位的国家和地区依次是:香港、澳门、日本、韩国、越南、俄罗斯、泰国、美国、新加坡、马来西亚。2007年,经旅行社组织出境旅游的总人数为987.42万人次,比上年增加144.40万人次,增长17.1%,其中组织出国游502.27万人次,比上年增长22.9%;组织港澳游485.15万人次,比上年增长11.7%;另外共组织边境游45.81万人次,比上年增长39.4%。

5. 我国旅游业受到全球金融危机一定的冲击。总体来说,国际金融危机以及一些不稳定因素,将给我国入境旅游和国内旅游带来一定的负面影响。具体到不同的行业和市场,其影响程度可能有所不同:就行业而言,酒店业、航空业受到的影响更大一些;就分层而言,定位于中、高端市场的企业所受影响更大,而低端市场影响相对较小;在投资方面,将导致大型旅游项目的融资更加困难。尽管旅游业具有一定的恢复能力,但其敏感性有目共睹。就世界旅游业发展而言,联合国世界旅游组织秘书长塔勒布·瑞法表示,受国际金融危机影响,2008至2009年度世界旅游人数下降了3%至4%,旅游收入下降6%。2009年最后一季度至2010年第一季度世界旅游经济呈现复苏状态。塔勒布·瑞法在2010博鳌国际旅游论坛大会上透露,据预测,2010年世界旅游经济有望复苏增长3%至4%。

二、世界旅游业的发展趋势

1. 在总体发展趋势上,旅游业市场基础坚实,总体发展速度仍高于全球经济总体增长速度。在从1950年到1990年的40年中,全球国际旅游过夜人数创造了年均增长7.5%的高速度,同期国际旅游外汇收入的年均增长率则高达12.8%。40年的发展,造就出了旅游业这个世界上最大的产业之一。进入20世纪90年代以后,先是海湾战争,然后是几大经济体经济增长乏力,接着又是亚洲金融危机、恐怖主义事件、全球金融危机等,虽然说,国际旅游业的发展已经由快速发展走向缓慢增长,但世界旅游市场仍拥有相当大的发展潜力和广阔空间。深深植根于各国人民心底的旅游需求,是不会被轻易撼动的,旅游业发展的市场基础是坚实的,总体发展前景是光明的。

2. 在区域发展情况比较上,欧美地区的份额在下降,东亚及太平洋地区的份额在增长。世界旅游组织把全球划分为六个旅游区,即欧洲地区、美洲地区、非洲地区、东亚及太平洋地区、南亚地区和中东地区。由于现代旅游业是在欧美地区发源的,北美及西欧国家发达的经济、便捷的交通、不断简化的入境手续,使欧美地区无论在入境旅游业还是出境旅游业,长期以来都高居世界榜首。但随着旅游业的不断发展,东亚及太平洋地区在世界旅游业中的地位将会大幅度提升,其中尤以中国旅游业的崛起贡献最大,被国际旅游界普遍认为是"未来最有发展前景的旅游目的地"。正因为如此,1997年10月,在土耳其伊斯坦布尔举行的世界旅游组织第12次全体会议上,世界旅游组织就作出预测:到2020年,欧洲为14%、美洲为8%、东亚太为10%、南亚为1%,中国将成为世界上第一位旅游接待大国和第四位客源输出国。

3. 在发展模式上,更加注重可持续发展。旅游业是在发展与环境保护关系上矛盾冲突较小的产业,曾被誉为"无烟产业",但如果规划不当、开发建设不当、管理不当、旅游者行为不当,也会造成对生态的破坏、对资源的损害和对环境的污染。正因为如此,自1992年6月在巴西里约热内卢召开联合国环境发展大会以来,世界旅游组织就一直在倡导旅游的可持续发展。在这方面,目前各国已达成了以下共识:旅游业比任何部门都更依赖自然、人文环境的质量,精心保护好生态环境是发展旅游业的生命线;实现旅游可持续发展,政府必须发挥主导作用,制定切实可行的法规制度和行动计划;实现旅游业可持续发展,必须强调规划先行,管理跟进,同时要依靠投资者与社区在开发建设与管理中的积极合作,依靠旅游者素质的提高与自觉配合;实现旅游业可持续发展,必须以实现经济效益、社会效益和环境效益的统一为目标,进行制度创新和管理创新,大力发展绿色产品和绿色经营,使旅游可持续发展成为各有关方面的共同行动,并长期坚持下去。

4. 在旅游产品开发和经营上,更加注重多元化、特色化。不同人群的旅游动机不同,对旅游产品的要求也就存在很多差异。如果一个国家或地区的旅游产品单一,就不能广泛赢得各个层面的旅游者的认知,就难以做大做强旅游产业,难以适应不同人群的不同旅游需求和总体上不断提高的旅游需求。同时由于旅游者越来越趋向成熟,追求物有所值的服务更加强烈,因此也就需要大力推进旅游硬软件的"配套发展",就需要大力推进产品的"多元化"和"特色化"。就一个国家、一个地区来说,必须注重旅游产品的"多元化";就一个旅游城市、一个旅游区(点)和一个旅游项目来说,必须注重旅游产品的"特色化";就发展旅游产业的全部工作来说,必须处处注重硬软件的"配套发展"。

5. 在旅游服务上,更加注重规范化、个性化和情感化。旅游接待六大要素为食、住、行、游、购、娱,无论在哪个环节上,推进规范化、个性化和情感化服务都是必要的。"规范化服务"的实施,能使复杂的服务系统化、程序化、制度化、日常化,把各个服务环节上的动作协调起来;"个性化服务"从整体上说,打破了传统的被动服务模式,能够充分利用各种资源优势,主动开展以满足用户个性化需求为目的的全方位服务;"情感化服务"包括语言沟通和情感沟通,核心是要把对客人的尊重、关切、体贴全部溶化在谦恭随和、善解人意、机灵麻利、办事稳妥、随机应变的服务之中。有规范化服务作为基础,再在个性化、情感化服务上下工夫,旅游服务就能广泛赢得游客,优质服务才能真正实现。

第二节 国内外旅游教育的发展历程及特点

一、国外旅游教育的发展历程及特点

20世纪80年代以来,随着旅游业的高速发展,全球高等旅游教育也得到相应发展,但由于各自的旅游业发展历程与文化背景不尽相同,旅游教育发展也呈现出不同的特点。以下选择几个有代表性的国家和地区为例进行比较分析:

1. 欧洲的旅游教育

(1)发展历程:早期,欧洲的投资者并不看好旅游业,最初兴起的服务接待教育也只是给学生提供初级的、强调操作技能的培训,课程设置也是技能导向的。从20世纪70年代开始,欧洲旅游业发展加快,行业竞争加剧,对旅游从业人员的素质要求也越来越高,一些社会性的培训学校应运而生,探索着设置管理及服务接待相关方面的理论课程。直到20世纪80年代,欧洲的

一些大学才意识到旅游教育的前景,探索着设置相关专业课程,颁发相关专业的学士与硕士学位,欧洲的旅游教育走入高等教育与学历教育阶段。目前欧洲已经拥有一批全球著名的旅游服务接待院校,如瑞士洛桑酒店管理学院、英国萨瑞大学等,为全球培养大量的旅游与服务接待专业人才。在英国,旅游管理已经成为极受欢迎的一门专业,旅游教育已经形成了从职业学校到大学(高等),从学士教育到博士教育的多层次结构。

(2)发展特点:欧洲的旅游教育最早起源于服务接待管理,如瑞士洛桑酒店管理学院就旨在培养学生的实践操作技能。洛桑酒店管理学院认为酒店经营管理者必须能胜任酒店或餐馆内任何一项具体的工作,这种教育理念影响了欧洲旅游教育整整一个世纪。当然,这与欧洲早年对旅游的认识有关,长期以来,大多数欧洲人都认为酒店经营从来就是一种小型家庭作坊式的、普通的产业,需要的是实干家,而不是思想家。但20世纪90年代以来,欧洲旅游教育接受美国旅游教育的"管理"理念,开始将旅游专业设置在接待管理专业下,又使旅游教育走向另一个极端。在大学(指高等教育)的旅游教学与研究领域,更强调社会学、人类学、文化等方面的研究,旅游教育的专业老师很少有人拥有行业经验,越来越多的兼职老师都是来自行业的从业人员。从学制来看,欧洲理工学院、综合大学内的旅游教育,大多以1~3年的短期学习为主,其中1~2年强调具体的专业技能学习,如导、酒店规划等,3年的学习则强调理论学习,相当于4年的本科学习。从旅游研究来看,欧洲大陆没有什么高质量的研究刊物,仅有的刊物——由AIEST创办的 *The Tourist Review* 强调理论探索,但由于协会组织没有积极地推广应用,影响也不是特别大。不过英国有些例外, *Tourism Management* 和 *International Journal of Hospitality Management* 缩短了英美旅游研究的差距。

2. 美国的旅游教育

(1)发展历程:美国的旅游教育起源于康奈尔大学酒店管理学院。当时,受中高层酒店管理人才需求的推动,美国的酒店管理与接待服务教育发展非常迅速,特别是20世纪40年代以后,美国国内大型酒店增长迅速,对酒店管理人才的需求急剧增长,旨在培养各类酒店管理人才的各类旅游院校也迅速增长,一些大学也纷纷开设相关专业课程。目前,美国的旅游教育已经渗透到几乎美国所有的名牌大学,并且可以授予旅游与服务管理专业及相关学科的硕士、博士学位。

(2)发展特点:现阶段美国旅游教育表现出以下三个明显的特点:

第一,旅游教育与研究向名校渗透,这些顶级大学的研究领域主要涉及文化旅游、旅游人类学、生态旅游、太空旅游、户外游憩与解说、旅游文学、自然资源保护、旅游规划设计等。

第二,专业与课程设置明显呈两极分化,即面向私营市场的服务业的管理以及面向公共事业的资源管理和社会休闲管理。这两大方向都已有较为健全的学位体系和课程体系来响应。

第三,美国高质量的旅游研究学术刊物不断为产业提供知识体系并推动产业的发展,相关行业协会也总是积极有效地推动研究理论在实践中的运用,大部分老师都有从业经验。

3. 日本的旅游教育

(1)发展历程:日本最早的饭店学校——东京 YMCA 国际饭店专科学校创立于 1935 年,最早的短期大学创立于 1963 年。而作为独立学科的 4 年制本科旅游教育 1967 年始于立教大学旅游系。1973 年到 1985 年期间,日本旅游业进入低成长阶段,这一时期日本的一些大学开始尝试在系内或学科内设立与旅游有关的课程。1985 年到 1991 年日本旅游大开发时期,旅游教育也高速发展,受日本《度假区法》的激励,很多职业高中开始设置旅游学科和课程,同时涌现了一批旅游专科学校,日本的旅游教育从职业高中到专科、短大、本科教育的体系基本完成。1991 年后,日本旅游教育进入高层化,如立教大学 1998 年开始在旅游学研究科设置博士前期和后期课程。

(2)发展特点:首先,日本对旅游学科设置的审批比较严格,使得日本的旅游高等教育发展呈现出循序渐进的有序扩展。另外,日本旅游法规的相继出台,作为支撑体系,对日本的旅游业和旅游教育起到了约束和规范作用;其次,由于日本的旅游业主要以出境旅游为主,导致日本旅游教育有明显的国际化倾向;再次,日本旅游学科的设置比较强调基础性和宽口径,并与学生将来的就业方向相结合,使学生不但在旅游业,而且能在与旅游业相关的更广泛的领域内施展才华;最后,日本的旅游教育仅限于县立(相当于中国的省立)和私立大学,30 所国立大学都没有设置旅游学科,这表明在日本旅游教育并未引起足够的重视。

4. 澳大利亚的旅游教育

(1)发展历程:澳大利亚大学旅游教育是随着 20 世纪 70 年代旅游业迅速发展而发展起来的。1974 年澳大利亚开设了第一个旅游专业,到 1990 年,高等旅游教育专业增加到 16 个,目前澳大利亚有 3/4 的大学开设旅游学课程,不仅如此,原有的专业也在扩大规模。澳大利亚的高等旅游教育发展较快,现在已经出现较为严重的供过于求的局面,供方的竞争激烈。有人预测这种发展的势头可能会出现"增长、衰退"的模式。

(2)发展特点：澳大利亚旅游教育主要有以下几个特点：首先，澳大利亚的旅游院校虽然多，但除了詹姆士·库克大学因为当时的副校长个人兴趣开办了旅游专业之外，在 1990 年以前开设旅游专业的都是当时的高等教育"学院"（后澳大利亚进行教育改革均提升为大学），而非传统的名牌大学，这表明传统名牌大学对接待和旅游专业的定位不高，只侧重于其职业性的一面。1990 年后，受悉尼奥林匹克运动会的影响，旅游教育向名校渗透。其次，澳大利亚旅游教育院校短期内迅速发展特征明显，导致目前供求关系失去平衡。

二、国外旅游教育发展趋势

1. 重技能与重理论两种教育体系正日益融合

根据 Lawson（1974）的划分，旅游教育有两种不同的体系：第一种属于盎格鲁萨克斯人传统，第二种是欧洲传统。第一种由美国继承，强调个人职业能力的发展，重视通过个人知识与技能在旅游与服务接待业中的运用来培养管理能力，特别强调学生解决问题能力的培养；后一种则更多是文化导向，更强调旅游的社会与经济方面的理论学习，欧洲及澳大利亚属于这种教育体系。这种教育体系既体现在课程设置与时间安排上，也体现在对旅游研究的态度上。但现在二者不再偏执一方，也都在借鉴和吸收对方的优势之处。

2. 旅游研究向名校渗透，但旅游教育仍以普通院校为主

无论是在欧美，还是在澳大利亚、日本都有部分著名高等院校开始关注旅游方面的教育与研究，但总体来看，旅游教育仍处于未受重视的地位，如日本的旅游教育仍限于私立大学和县立大学，澳大利亚的旅游教育也有类似情况。

3. 旅游教育国际化趋势明显，国际与区域合作越来越频繁

20 世纪 80 年代以来，随着全球化进程的加快及国际旅游业的迅速发展等原因，国际与区域的旅游教育合作越来越频繁，国际化的旅游与服务业课程、外语课程以及全国视野的旅游与服务业教育在最近几年也疯狂增长。毋庸置疑，来自世界各地不同地区学习服务与旅游业课程的学生将会越来越多，这就需要不断调整相关课程以适应来自不同文化背景与不同职业经历的学生。这也是欧洲旅游教育日益一体化的原因。

三、我国旅游教育的发展历程及特点

1979年,为适应当时旅游业发展对高层次专门人才的需要,我国第一所旅游高等学校——上海旅游高等专科学校在上海成立,标志着我国旅游高等教育的开端。在此后的几年里,国家旅游行政部门先后投资和高等院校联合开办了旅游系和旅游专业,逐渐形成了涵盖大专、本科、研究生三个培养层次的、较为完善的旅游高等教育体系。20世纪90年代后,随着我国高等教育体制改革的深入进行,受旅游业快速发展对地方经济和人才需求的影响,许多地方高校和部委院校也相继在原有相关科系的基础上,组建或新建了旅游系和旅游专业,旅游高等教育的规模进一步扩大,体系也更趋完整。经过30多年的发展,我国的旅游高等教育取得了较为显著的成果,为国家培养了大批旅游人才。

回顾我国旅游教育的历程,可分为三个阶段,即新建设阶段、形成阶段、规模性发展阶段:

(一)新建设阶段

1. 发展历程:从中华人民共和国成立至1977年。在这个阶段,我国旅游事业处于起步时期,旅游教育主要体现在对在职人员的培训。新中国成立后,为了适应我国华侨、侨眷的入(出)境旅行和对外民间交往的需要,20世纪50年代初期,我国先后成立了华侨旅行服务社和中国国际旅行社,主要负责华侨和访华外宾的行、游、住、食等事宜。1956年后,中国国际旅行社开始同前苏联和东西欧一些国家签订了旅游合同,建立了业务关系。为了适应旅游事业发展的需要,为旅游者提供便捷的服务,从事旅游接待的单位都认识到必须对从业人员开展培训。例如,中国国际旅行社对此项工作就甚为重视。在建社之初他们一方面邀请前苏联的旅游专家来华进行业务指导,另一方面又选派一些骨干到前苏联学习旅行社业务和管理经验。在翻译导游人员的培训上,1959年至1966年期间先后召开了5次全国翻译导游工作会议,根据会议精神开展了一系列选拔和培训翻译导游人员的工作。

2. 发展特点:(1)培训的对象主要为一线接待人员,即翻译导游人员、宾馆服务员和司机。管理人员的培训还未提到日程上,这同当时旅游业属于事业单位和旅游接待属于外事工作一部分的性质密切相关。(2)培训规模比较小,不仅是管理人员未接受培训,即使一线接待人员也未开展普遍培训。这与当时我国接待的外国旅游者较少有关。(3)培训类型单一,基本属

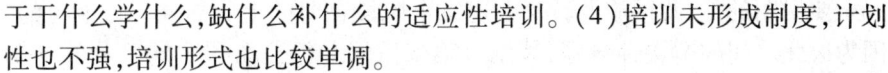

于干什么学什么,缺什么补什么的适应性培训。(4)培训未形成制度,计划性也不强,培训形式也比较单调。

(二)形成阶段

(1)发展历程:大体上为1978年到20世纪90年代末。随着1978年我国改革开放政策的实施,我国旅游业的发展也出现了生机和活力。我国旅游接待人次和旅游外汇收入大幅度增长。旅游业的发展和体制的转换迫切需要大量高素质的旅游人才,这一要求推动了我国旅游教育的快速发展。1978年国家旅游行政管理部门正式设立了旅游教育机构,主要负责旅游人才培养、从业人员培训和高层次组织管理人才的培训。教育体制的改革和旅游业的发展,使得许多地方和一些部委的院校也先后开办了旅游学院或旅游专业。到2000年,全国有旅游院校和开办旅游专业的院校1195所,高等院校252所,在校生32.79万人。随着旅游院校教育规模的扩展,旅游教育质量也在稳定提高。成人教育发展得也较快,每年都进行了大量的从业人员培训。我国高等旅游教育已开始形成专科(含高职)、本科、研究生教育三个培养层次,以此为形成期的标志。在这个时期,我国高等旅游教育体系已经基本形成。

(2)发展特点:①旅游教育机构的成立和职能的加强标志着我国旅游教育和人力资源开发步入了有计划管理的轨道。制定实施旅游教育发展规划,按照规划实施人才的培养,提高从业人员的素质。②旅游教育已形成了比较齐全的结构体系。③成人旅游教育已建立了国家、地方和旅游企业三级管理体系,旅游院校教育在人才培养计划与就业管理方面也已纳入国家和地方旅游主管部门的管理轨道。④在职人员中普遍开展了以岗位培训为主的各种形式的培训。1995年参加各种形式培训的人数达16万余人,约占全行业职工人数的15%,从而为2000年实现旅游行业全员持证上岗奠定了基础。

(三)规模性发展阶段

从2000年以来,我国高等旅游教育处于一个发展期,本科、硕士、博士招生单位和招生规模在增加,专业设置在调整,师资结构在充实。2000年以后全国著名重点院校开设旅游管理专业的数量在明显增加,批准的旅游管理硕士和博士点(包括在管理学、地理学、建筑学、林学、汉语言文学等专业下增设旅游专业培养方向)明显增加。旅游培养的人才更加专业化,也更加贴近实际。

要说明的是,我国旅游教育上述三个阶段在时间上的划分不是绝对的,因为彼此之间的衔接性较强,特别是第二阶段与第三阶段之间区分的不确定性更大一些。

四、我国旅游教育的发展趋势

1. 教育理念向内涵式发展转变

旅游教育经过多年的发展和积累由数量增长阶段转向了质量提高阶段,客观上需要对教学理念进行新的探索。长期以来,我国学生学习方式单一、被动,缺少实践操作、自主探索、合作学习的机会。旅游教学在很大程度上存在着"以课堂为中心、以教师为中心和以课本为中心"的情况。学生学习的过程被理解为是被动地接受知识、记忆知识的过程,至于学生在学习过程中非常宝贵的实践、体验的过程被忽视。毫无疑问,这样的教学过程既不适应以知识创新为基础的社会发展的需要,更不利于培养全面发展的人才。

2. 教学手段理论性与实践性并重

旅游业是一个应用性较强的行业,理论性与适用性相结合是旅游教育的趋势。西方国家的旅游教育强调基础理论课教学,同时也非常注意安排学生的实践课教学。"服务于全球性产业的全球性(旅游)教育再也不只是一种选择,而是一种必需"。而当前,我国旅游教育存在所教知识技能与旅游职业岗位相脱节的状况。不少院校关起门来办学,与行业管理部门、旅游企业等联系很少,使得旅游院校教育中本科教育"理论化"、专科教育"本科化"、职业教育"普教化"。同时,教学内容与行业实际脱节现象严重,与用人单位的要求存在一定差距。这一现象已经引起了旅游管理部门的高度重视和旅游教育界的普遍关注。《国务院关于加快发展旅游业的意见》整合旅游教育资源,加强学科建设,优化专业设置,深化专业教学改革,大力发展旅游职业教育,提高旅游教育水平。

3. 更注重创新性教育

我国旅游业向全球性产业转变,行业标准也必须向全球化标准转变。旅游业竞争的优势取决于对先进的技术、知识和服务的运用,旅游业的持续繁荣将主要依赖于受过良好教育的人才,这些人除了需要能够在战略和经营上分别提供高质量服务的诀窍以外,还必须对关键性的问题进行思考、权衡和判断。旅游教育必须更加注重创新性教育,才能适应旅游业向全球性产业的转变。我国加入世界贸易组织后,为了应对国际旅游市场的竞争,决定旅游企业要对人才的知识、能力、素质提出更高的要求,旅游教育面临严峻的挑战。为了应对入世后面临日益激烈的国际市场竞争,需要创新型、开拓型和复合型的高素质旅游人才。实施旅游创新教育,培养旅游创新人才,旅游教育责无旁贷。

4. 人力资源向多元化发展

培育新的旅游消费热点,实现旅游与文化、体育、农业、工业、林业、商业、水利、地质、海洋、环保、气象等相关产业和行业的融合发展。发展生态旅游、森林旅游、商务旅游、体育旅游、工业旅游、医疗健康旅游、邮轮游艇旅游,是我国旅游业的必然走向。旅游产业的多元化发展,使多元化教育成为旅游教育的重要内容,决定了旅游人力资源开发的多样性,而这种多样性又决定了旅游教育的多元化。主要表现在:一是投资主体的多元化。除政府投资外,通过制定政策措施,充分调动旅游饭店、旅行社、旅游车船公司、旅游景区(点)、旅游购物场所等旅游企业投资旅游教育的积极性,在政策的激励下,一些有实力的民办学校及私有业主,甚至国外的资本开始关注并投资旅游院校教育。二是办学模式的多元化。企业或研究部门办学、校企结合、中等教育和高等教育的对接等办学模式不断增多。

第三节 旅游管理专业人才培养

一、人才培养目标

1. 目标与人才培养目标

所谓目标,是指人们想通过行动而达到的目的,而培养目标,是指根据一定的教育目的和约束条件,对教育活动的预期结果,即学生的预期发展状态所作的规定。

人才培养目标是构筑人才培养模式的基本依据。一切教学活动都以人才培养目标定位为定向,它是教育理论研究和实践活动过程中的一个核心概念,它的对象是具有主体性的人,是把人塑造成什么样的人的一种预期和规定。

2. 人才培养目标功能

人才培养目标具有三大功能:定向功能、调控功能和评价功能。定向功能指对教育的发展方向和人的发展方向所起的一种制约作用。调控功能则是指对教育活动起着支配、调节和控制作用。评价功能指将培养目标作为最基本的价值标准去评估、检验教育质量及对人们关于本科教育的思想观念、实践活动进行价值判断。培养目标受一定的教育价值观影响,有什么样的教育价值观也就有什么样的教育目标或培养目标。而当教育价值观发生变化时,教育目标或培养目标也随之发生变化,或废除或调整改革。培养目标可以理解为一种教育理念,它规定着教育活动的性质和方向,且贯穿于整个教育活动过程的始终,是教育活动的出发点和归宿。

3. 人才培养规格

从某种意义上讲,高等学校就像一个产品加工厂,招生部门将"原料"(新生)按一定标准"采购"进来,学校按既定的"加工工艺"(培养模式),通过一定"加工工序"(教学环节等),将这些原材料加工成"产品"(毕业生),就业部门再将这些产品"销售"出去,从而完成人才培养的全过程。那么,学校加工出的产品应该具有什么形态,是毛坯、零件,还是留有一定加工余量的半成品?这是一个关于人才培养规格的问题。

人才培养规格要与社会的继续教育水平相适应。社会对高校毕业生的期望一是"能用",二是"好用"。这就要求高校人才培养既要"产销对路",又要"质量上乘"。技术的进步和经济的发展,使专业内容趋于综合,而专业方向则趋于细化。因此,社会需要专业人才具有"面上宽、点上专"的知识结构,他们应该能够解决综合性的专业难题,而不是普遍性的专业问题。也就是说,社会对于具有通用性的标准化"零件"的需求越来越小,对于具有特殊功能的非标准"零件"的需求越来越大。用人单位期待的是某一专业方向的"行家"。

尽管我国的高等教育已经步入大众化教育阶段,但民众的受教育程度与水平还比较低。我们还不能像有些发达国家那样,将高等教育的主要目标定位在培养"合格公民"上,而在短期内可能仍要以培养"专门人才"为主要目标。西方发达国家的大学毕业生可以做一个"全职太太",而我国的大学毕业生尚未充足到如此程度,他们必须承担社会的角色并在某一专业领域有一技之长。人才培养规格还要与人才培养层次相适应。总之,就人才培养规格来说,我们既不能停留在过去狭隘的"专业"教育上,也不宜贸然推进"通才"教育,应在"学有专长"上下工夫,从而培养出适合社会经济发展需要的有用人才。

二、旅游管理专业人才培养目标

旅游院校的根本责任和任务是培养旅游业需要的人才,且又亟须解决"旅游业需要怎样的人才"和"怎样培养旅游业需要的人才"这样两个基础性问题。因此,应切实做好人才培养目标定位工作。

高校类型不同、人才培养目标不同、目标定位就不同,所以课程内容、教学方法和教学模式相应也有所区别。本科教育只是高等教育的基础阶段,在培养规格上体现出本科"通"、硕士"专"、博士"深"的特点。然而,不是所有的学生都希望完成各层次的教育,故需在每一层次都要为他们设置出口,实行"分流"培养。对于以就业为目标的本科生,还应该让他们学有专长。

对于应用型本科院校来讲,旅游管理专业应建立在充分考虑旅游业的特点、未来旅游市场的发展趋势及人才需求质量的基础上,紧密关注行业的发展动态,按照以就业为导向的教育理念和差异化目标定位思想,培养适应行业而又略领先于行业需求的人才,因此应用型本科旅游管理专业人才培养目标应定位为:培养的学生应当具有良好的职业道德和职业素养,应当具有熟练的职业技能,具备持续发展的能力,还应当具有扎实的、系统的专业应用知识。教育培养的学生应当具有良好的综合素养,在第一线工作不但能够愉快胜任,还能够迅速脱颖而出,展示自己的学习和工作潜力,能够解决职业岗位上的实际问题,具有创新能力、实践能力和可持续发展能力的应用性人才。

三、未来我国对旅游管理人才的需求

旅游管理学科是随着我国旅游经济的发展、旅游产业的发育而建立的一个新型学科。在我国,这门学科的产生只有20年的时间,但已成为工商管理学科体系中的一个重要的学科部门。到2008年末,全国共有高等旅游院校及开设旅游系(专业)的普通高等院校所810所,比上年增加40所,在校生44.00万人,比上年增加4.26万人;中等职业学校965所,比上年增加94所,在校学生40.46万人,比上年增加2.82万人。两项合计,旅游院校总数1775所,在校学生为84.46万人。2008年末,全行业在职人员培训总量达338.28万人次,比上年增加17.34万人次,增长5.4%。

有关业内专家认为,我国旅游就业前景广阔,旅游就业存在十大增长点。即:新型住宿接待业、特色餐饮业、旅游景区景点开发、旅游商品生产与销售、旅游农业、旅游工业、旅游新兴服务业、旅游文化娱乐业、旅游交通运输业、旅游劳务输出十个方面,这些领域就业增长快、潜力大、带动性强,而且能充分利用市场机制加快发展,就业成本低,老百姓受益面宽。我国旅游管理人才的培养也要从这些方面出发,适应社会需要,培养更多适应旅游业发展需要的人才。

行业链接1-1：由国家发改委、旅游局组织的课题组2004年发布了题为《中国旅游业就业目标体系与战略措施研究》的研究成果，分析了我国旅游业的地域特征，提出我国旅游就业可以概括为六种不同的地域模式：

1. 以大型景区为龙头，形成了丰富的就业体系和就业方式，包括住宿接待、餐饮、娱乐、旅游购物、劳务服务等。

2. 在旅游城市、交通枢纽和集散基地，以住宿接待为中心，形成了综合性的旅游服务体系，形成了酒店集中区等高密度就业区域。

3. 以满足城市居民休闲度假为主，环城度假带已成为旅游就业的重要增长点，为城市居民休闲服务建立了相应的就业体系，包括旅游度假区、主题公园、农家乐、产业旅游等。

4. 沿着重要的旅游交通干线及航空港、火车站、汽车站等站口形成了旅游就业重要的增长轴线。沿交通沿线带动的就业体系主要有三种增长模式：带动沿线的旅游交通服务，如餐饮、车辆维修、商品销售等；带动沿线旅游景点资源的开发；带动沿线城镇的发展和就业体系的形成。

5. 旅游小城镇及乡村旅游就业体系。近年来，我国出现了古镇旅游、乡村旅游，这种旅游模式所产生的就业体系，与一般的旅游景区点相比，具有更高的参与性。

6. 依托产业旅游带动的就业模式。随着旅游业的不断发展，出现了许多新的旅游热点，如工业旅游、农业旅游、体育旅游、节庆旅游、教育旅游等。产业旅游就业模式的特点是，旅游业依托其他产业，往往不是主业，从业者往往是兼职从事旅游。（资料来源于新华网2004年7月2日）

思考题：
1. 简述我国旅游业的发展现状和世界旅游业的发展趋势。
2. 国外旅游教育的发展特点对我国有哪些方面的借鉴与启示？
3. 简述我国旅游教育的发展历程。
4. 简述我国旅游就业存在的十大增长点。
5. 根据旅游管理专业的人才培养目标，讨论应该从哪些方面提升自己？

第二章 国内外伦理思想的借鉴与启示

第一节 国内外伦理思想概要

中西方伦理思想的发展从先秦诸子百家、古希腊罗马时期至今,在二千多年的历史进程中,虽然对理想人生及生活的理解各有不同,但就发展脉络而言,很多基本特征是相同的。我们今天关于伦理学思考的所有问题,几乎都为古希腊和先秦诸子百家的道德哲学思考过,在那个时代里,那些智慧的思想家就注意到了人的精神生活的内容和高度对人存在的价值及意义。中外伦理思想植根于对现实生活的感知,关注人的内心生活,诉诸人的各种道德感情,是经验也是体悟。梳理中西方伦理思想发展脉络的过程,无疑对我们构建旅游伦理有着重要的意义。

一、西方伦理思想

我们今天所理解的西方伦理学,追溯其源头,要从古希腊文明谈起。古希腊是奴隶制社会,由于海外贸易及海外殖民活动,它的经济带有开放性质。政治上实行自由民主制的城邦制度,个人的社会角色是公民,而非家庭成员。这些经济、政治等历史条件,决定了其伦理思想是以调节个人和城邦的关系为核心,个人作为公民是城邦的主体,虽然城邦高于个人,但城邦又以维护个人利益为目的。道德强调个体对城邦、社会的责任、义务,同时又强调人的因素第一,把个人置于高于一切的地位。对于个体而言,道德起着调节身心健康、理智和欲望的关系的作用,通过心灵制约肉体、理智控制欲望,求得身心的和谐,"健全的心灵寓于健美的身体之中"。根据社会道德和个体道德的基本要求,智慧、公正、勇敢和节制成为古希腊的四主德(规范)。

四主德从不同方面调节个人和城邦的关系，协调个人的欲望和理智的关系，对后世产生了深远的影响。

对西方伦理学发展贡献最大的是苏格拉底、柏拉图、亚里士多德，他们像西方文明源头三座比肩的高峰，巍然耸立。在苏格拉底之前的哲学家，诸如泰勒斯、赫拉克利特、巴门尼德、毕达哥拉斯等人掘微探幽，善于观察，但更多的是关注客观世界的构成本质的物理性意义的问题，只有苏格拉底意识到比石头、树木和日月星辰更值得我们关注的是人的心灵，他毕生思考并因此而送命的两个问题：美德是什么？什么是最好的国家？在今天看来这两个问题仍然是我们个人生活和共同生活最有价值的问题。柏拉图在他家乡的城邦也没有得到任何从事公共活动的机会，在"学而优则仕"之路上受挫的柏拉图从公共生活中退出，创办学园，把他的生命热情寄寓于对现实问题的深思和对理想生活的勾勒，学园成为孤独哲人的避难所，他在此写出了震古铄今的传世之作《理想国》。《理想国》对西方民族精神生活的意义就像《论语》对中国人的意义一样，怎么样夸大都不过分，爱默生甚至认为只要留下《理想国》，所有的图书馆都可以烧掉。这本书是以对话的形式写成的，书中谈到家庭、道德、文艺、教育等问题，几乎无所不包。他和孔子一样，从个人经验出发，以此解释人生及一般事物，这使他的学说充满现实感和亲切感。这位孤独的哲人期待在一个伟大且适合的国家——《理想国》中等待救渡，他承认自己描绘的只是一个难以实现的理想，描绘对人生而言仍然是有价值的希望，做人的意义就在于向往更美好的生活，并至少让它的一部分变成现实。这种悲剧色彩和孔子的"知其不可为而为之"又是何其相似。

亚里士多德的《尼各马可伦理学》是他儿子根据他的伦理学讲稿整理而成。今天我们可以想象，在中西方文明大放异彩的古希腊时代，多少有志之士受惠于这位哲人的智慧并把智慧的火种播撒四方。亚里士多德和孔子一样相信生命是自然的恩赐，美好的生活却是智慧的馈赠，他们在不囿于外界束缚的沉思和对心灵的养护中理解了什么是对人这种存在而言最好的生活，那就是过有德性的生活。德性是什么？二人在这个问题上的理解也有着惊人的一致性，亚里士多德的中道即孔子的中庸，所谓过犹不及，无过无不及，也就是说德性是过度与不及两个极端之间的中道。亚里士多德认识到，研究伦理思想不仅是出于理论的目的，而且也是为了使我们自身向善。可以说，人类伦理生活和伦理思想的发展是从对善和恶的认识开始的，在人的经验生活内，被人的道德本能指明为善或恶的东西——被发现始终如一地表现为有利于人的保存和幸福或造成人的痛苦甚至毁灭——正是人性中天然存在的善因和恶因,这给伦理学家们扬善抑恶、追求适合并正当的人类生活提供了动因。我们由此看到关于人性善的思考构成伦理思想发展史中的一条清晰的线索,人们把善理解为有利于人生存和发展的因素,当恶与善并存时,人们不约而同地表现出趋善避恶的倾向,这使性善论成为西方伦理思想发展的主脉。

从古希腊罗马文化衰落之后到进入下一个千年,西方文明收获寥寥,具体而言,是亚里士多德辞世后,欧洲文明进入黑暗之中,万马齐喑的西方文化在公元4世纪迎来了奥古斯丁(公元354—430年)的诞生。公元313年,罗马皇帝君士坦丁颁布米兰赦令,宣布基督教的合法地位。这一段历史在思想发展史上虽然可说之处不多,但在奥古斯丁的学说中却酝酿了近代哲学史转向的思辨火花,以奥古斯丁为杰出代表的教父哲学的成熟标志着基督教哲学的正式形成。在创立基督教伦理学的过程中,奥古斯丁为亚里士多德时代流传下来的四主德补充了热爱、信仰、希望三个神学的德性。奥古斯丁解释说,人对自身根本缺陷的承认,正是他接受信仰、希望、仁爱三美德的先决条件,因为信仰提供知识,希望带来期许,仁爱产生友谊,这一切给我们展示出一条通往善的生活道路,所以奥古斯丁确认它们为人类在世俗生活中追寻的伟大目标。相对于这七个德性的七种恶分别是:骄傲、贪婪、愤怒、嗜食、放荡、消沉、迟钝。前者是人世间光明的力量,后者则是人性中黑暗的势力,中世纪对德性的理解就是在两种力量的冲突中,最终光明战胜了黑暗。

在欧洲中世纪封建社会里,自然经济占统治地位,实行的是王权和教权相结合的专制主义的政治体制。以基督教为核心的神学伦理思想大行其道,基督教的气息无所不在,成为社会的统治道德。神是基督教道德的根本依据,又是道德的根本追求,原罪说、救赎说、拯救说是它的理论和现实的基础。信仰、仁爱和希望是基督教三主德。中世纪的人们普遍相信,自从人类背叛上帝之后,出现了两种城市的区分:一种是上帝之城,居住着上帝决定拯救的人;另一种是世俗之城,居住着上帝决定毁灭的人。如果我们为善可以使上帝喜欢,我们就会因此而得救,进入上帝之城。禁欲主义这种与人的本性相悖的道德要求之所以能成为当时的道德信念,是因为人们普遍希望取悦于上帝,从而获得救赎。中世纪的伦理学说与主张基本都与最具有大众基础的原罪说有关,如阿奎那的泪海人世说,他认为人生是悲惨的,人世是眼泪的海洋,其中充满了瘟疫、痛苦,只有上帝可以拯救人类。

对于中世纪的哲学和伦理学思想,历史上评价较低,以黑格尔在《哲学史讲演录》中的下列表述为代表:我们必须对经院哲学家下一个判断,作出一种估计。他们研究了那样崇高的对象、宗教,他们的思维是那样的锐敏而细致,他们之中也有高尚的、好学深思的个人、学者。但经院哲学整个讲来却完全是野蛮的抽象理智的哲学,没有真实的材料、内容。它不能引起我们的真正兴趣,我们也不能退回到它那里去。它只是形式、空疏的理智,总是在理智的规定、范畴的无根据的联系中转来转去。①

  肇始于14世纪意大利的文艺复兴运动,在资本主义关系形成时期使人文主义思潮形成星火燎原之势,波及整个欧洲大陆。伦理学借助文学艺术的各种形式得到了前所未有的发展,表现为那个时代人们的道德思考寓于文艺作品之中,伦理学随着文学的蓬勃发展而兴盛。这场思想解放运动被命名为文艺复兴,因为当时的人们认为古希腊罗马文化在中世纪衰落了,而在他们的时代又再次繁荣起来,古希腊罗马的哲学和艺术对这个时期的知识界产生了巨大的影响,这场波澜壮阔的思想解放运动使人们从对上帝的无条件信仰中挣脱出来,自由、平等、博爱的理念开始深入人心。匍匐于上帝足下谦卑的西方人开始相信:人有决定自己命运和道德上善恶的权利和能力,人可以凭借着自己的意志进入不朽,也正是这种思潮使西方个人主义意识得到空前膨胀。推崇群体主义,家国同构的中国社会始终没有像西方人那样走得这么远。文艺复兴时期德国的马丁·路德和法国的加尔文,掀起一场声势浩大的宗教改革运动,创立了新教。宗教改革运动开辟了基督教现代转型之路,把道德约束力量从最信赖外在的神明转变为依靠内心自省。新教伦理主张信徒都是负有道德责任的自由的个体,个人有权自由选择自己的行为,"因信称义"。新教伦理是有历史意义的,它转变了中世纪把金钱与人的天职或道德义务对立起来的观念,主张把获得财富作为履行职业的义务,是响应神召的神圣天职。为了上帝而赚钱,这是新教伦理的核心,为个人的求金欲和致富制造了道德依据,而且蒙上了一圈神圣的光环。基督教道德经过宗教改革运动,把现世生活的权利和道德义务虚化为上帝的旨意,使社会的道德生活和个人的道德义务、责任纳入到一种以宗教为特征的信仰系统之中,成为一种制约人们行为的精神力量。基督教道德不仅在一千余年的中世纪起着主导作用,而且它作为封建文明的一个重要组成部分对整个西方文化也具有不可估量的影响。基督教道德经过近现代的基督教"解放运动",革新宗教教义和道德,已经适应了资本主义的现代生活,逐渐融

---

  ① 参见(德)黑格尔:《哲学史讲演录》第3卷,贺麟、王太庆译,商务印书馆1959年版,第322~323页。

入人们的内心世界,渗透到社会生活的各个层面,成为维持当代西方社会秩序、社会道德风尚和个人道德信念的一种精神力量,至今依然起着重要作用。

欧洲近代史从17世纪英国资产阶级革命开始,从自然经济转型为市场经济,经历了资产阶级革命,逐渐确立了市场经济形态和资产阶级政治制度,在思想道德领域,开展了一场轰轰烈烈的反封建、反宗教的思想启蒙运动,论证了新制度、新生活方式的合理性。在200多年的时间里,从培根到尼采,对思想史及人类生活影响最为深远的是英国功利主义思想家、法国启蒙思想家和德国古典哲学家的伦理思想。

首先,是英国功利主义伦理思想。直接反映经济体制转型和社会生活变化的道德理论是功利主义,它产生于当时资本主义生产方式最发达的英国,逐渐形成经典的功利主义。功利主义建立在人性利己的基础之上,认为人是自然的产物,人性在于人的自然欲,把苦乐效用作为道德的基本原则和道德评价的标准。道德源于人的感性需要,一切符合人的感官享乐和满足物质利益的就是道德的,反之就是不道德的。它认为人作为自然产物,本性都是自爱自保、趋利避苦,在社会上则表现为追求个人物质利益。如英国功利主义者边沁、密尔等人发现了人性的一个秘密,即人都是追求使人快乐的东西,逃避使人痛苦的东西,趋乐避苦是人的本性,人性利己并永不改变,他们在此基础上提出了最大多数人的最大幸福之说。应当说这一学说契合人性的需要,对于解释人类的行为有较大说服力,更重要的是引导人们懂得只有在不损害社会和他人利益的前提下去追求个人利益,才是合理且符合道德的。在社会生活中,不管动机如何,能够合理合法地获取个人利益就是德行。个人利益的增加应同时增进社会利益,因为社会利益就是个人利益的总和,增进个人利益和社会利益并不矛盾,"私恶即公利"。功利主义反映在市场经济运行过程中,个人作为经济主体受到利益驱动从事经济活动,个人利益成为经济活动的根本动力;同时,个人只有通过市场的协调,才能实现个人利益,这正是功利主义强调社会利益的经济根源。功利主义的社会利益,正如马克思所指出的:"共同利益就是自私利益的交换。一般利益就是各种自私利益的一般性。"①

其次,是法国启蒙思想。当时进步的思想家们,如伏尔泰、卢梭、狄德罗等人致力于文化教育运动开启民智。其特点是对当时的教会权威和封建制度采取怀疑或反对的态度,把"理性"推崇为思想和行动的基础。他们提出

---

① 《马克思恩格斯全集》第46卷(上),人民出版社1979年版,第197页。

了人道主义的核心价值观，以人道主义反对神道主义，用享乐主义反对禁欲主义，提倡人的价值、尊严、幸福。这种大胆而彻底的思想解放运动，如意大利人道主义者皮科所说："我们愿意成为什么就成为什么。"或如意大利诗人彼特拉克所说："我是凡人，我只追求凡人的幸福。"

再次，17世纪欧洲兴起了笛卡尔开创的唯理论哲学思潮，后发展为德国古典哲学，在此基础上产生了理性主义伦理思潮。它主张人是社会存在物，理性是人的本性，并对道德内容和道德评价标准起着决定性的作用。人的道德理性或这种普遍理性的异化形式——客观精神成为道德的来源，同时也承认人是自然的产物，属于经验世界，受欲望支配。追求幸福，在社会中表现为追求个人的物质利益。然而，人的道德意义或道德价值最根本的在于人的普遍理性能够控制人的欲求，在追求欲望满足和物质利益过程中不应损害社会和他人。只有受理性支配和控制的欲求才是符合道德的，而且理性控制情欲，反而能够保证人的欲望的顺利实现，有助于社会和人际关系的和谐。理性主义伦理思潮的现实意义充分体现在康德的"人是目的，而不是手段"的命题之中，每个人都应当是自己的主人，而不是他人驱使的工具。人是目的的现实含义就在于每个人享有财产权，有权自由、自主地支配自己的财产。

19世纪末20世纪初，资本主义发展经历了一个多事之秋，进入了发展的新时期。20世纪以来，经历了两次世界大战，20世纪60年代之后科学技术迅猛发展，对社会生活产生了全面、深刻的影响。人的异化、人际关系的异化现象越来越严重，异化无处不在带来的无形压力使人们越来越无奈，人们由于对"理想王国"的幻灭，对资本主义制度压制人的厌倦和反感，伦理思想相应发生剧变。这时期伦理思想的显著特点是反理性主义，彻底否定建立在经验主义或理性主义基础之上的传统伦理观；另外一个特点是反规范性，主张伦理学的无立场和无规范性。现当代伦理思潮既强调人的意志、生活力、情感等非理性因素对道德的决定作用，又强调孤立的"自我"是一切道德行为和选择的出发点，把个人与社会对立起来，认为个人应摆脱社会、制度和传统的束缚，个人道德的选择不应有立场、有规范，完全听凭主观的自由选择。这种孤立的绝对的个人主义的道德立场，在20世纪80年代以后，其反社会的不利于人际关系和谐的弊端越来越明显，当代西方伦理思潮开始对这种个人主义批判、反思，强调个人只有在互相交往中才能实现自我，交互的个人主义、交往伦理学日益在理论和实践中凸显出来。

二、中国传统伦理思想

我国是一个历史悠久、文化灿烂的古国,几千年来创造了极为丰富的优秀文化,对整个世界文明发展作出了自己独特的重要贡献。其中,在伦理道德观上,更有许多真知灼见。我国古代思想家一贯重视人伦关系,重视道德修养,重视道德在社会生活中的作用,在这些方面,我国古代思想家都给后人留下了许多有价值的精华。

我国的传统伦理思想的发展脉络以儒学为主,因而表现出固定化倾向,正如董仲舒所言:"道之大,出于天,天不变,道亦不变。"(《汉书·董仲舒传》)具体而言是"天人合一"的思维模式;"内圣外王"的道德理想;"格物、致知、诚意、正心、修身、齐家、治国、平天下"的道德内容;"为天地立心、为生民请命、为往圣继绝学,为万世开太平"的道德境界。可以说这种格局一以贯之,绵延千年,没有大的变动。中国伦理思想两千多年的发展,基本上都是在这样一个框架中展开。

孔子生活于奴隶制趋于解体、封建制开始形成的春秋末期,在这个新旧交错的纷乱时代,孔子不满于"礼崩乐坏"的现实,他希望用"克己复礼"来教化民心,以图政治清明,他席不暇暖地奔走于各国之间,不见用于当世,转而兴办私学,从事教育实践。他创立儒学,使学术下移,即使今天,孔子思想依然深刻地影响中华民族的精神生活,是我们文明与文化的重要源泉。对中华文明而言,孔子是一个永远且丰富的话题,他在历史上相隔不算远,是我们理解中国伦理思想的起点。

孔子提倡"仁",要求"为政以德";孟子在孔子之后又提出"以不忍人之心,行不忍人之政"的"仁政"。这就是儒家一贯主张的"修身、齐家、治国、平天下"的信条,其中修身是齐家、治国、平天下的根本,而且举国上下"自天子至于庶人,壹是皆以修身为本"(《大学》)。天子的修身尤其重要,君主有较高的道德品质,才能治国、教民。孔子曾精辟地指出:"政者,正也;子帅以正,孰敢不正。"(《论语·颜渊》)"其身正,不令而行;其身不正,虽令不从。""不正其身,其正人何?"(《论语·子路》)墨家的创始人墨翟也指明:"政者,口言之,身必行之。"(《墨子·公孟》)如果:"口言之,而身不行……恶能治国政!"(《墨子·公孟》)在这里,应该指出的是,我国古代思想家把道德与政治融为一体时,既抹杀了道德和政治的本质差异,又犯有道德决定论夸大帝王、君主个人作用的错误,而且以剥削阶级的道德内涵规范全体社会成员言行,反映了剥削阶级思想家的阶级局限性和认识片面性。但是,把外在的政治制度,通过全体社会成员内在的道德品质体现出来,又以培养、强化全体社会成员的道德修养来巩固、加强外在的政治统治,这无疑是古代思想家,尤其是儒家的聪明之举,而这一创见,无疑有着真理性内容,它正确地揭示了政治与道德的本质联系。今天,我们把这一传统、这一合理内核继承过来,加以改造和发扬,在全社会加强道德教育,注重道德修养,提高各族人民的道德素质,对于安定社会秩序,维系全社会的和谐团结,推动社会主义建设,是起着巨大推动作用的。

孔子主张对百姓要实行"先富之而后教之"的原则。孟子继而提倡"百亩之田,勿夺其时,数口之家可以无饥矣。谨庠序之教,申之以孝悌之义"(《孟子·梁惠王上》)。荀子则认为,人的善性,优秀的品德,是后天的学习和良好的社会环境造成的。古代思想家们都主张,要获得优秀的品德,必须抱积极态度,主动进取,刻苦学习。"仁远乎哉?吾欲仁,斯仁至矣。""为仁由己","求仁得仁","三人行,必有我师焉。择其善者而从之,其不善者而改之"(《论语》)。既然经过个人的主观努力可以得到高尚的道德,"人皆可以为尧舜"(《孟子·告子》),"涂之人可以为禹"(《荀子·性恶篇》),从理论上肯定了人们经过坚持不懈刻苦努力的学习锻炼会成为一个令人敬慕、具有崇高品德的人。在道德的培养上,古代思想家尤其注重"内省"、"自察",要求尽量能动地扩充、实现自己的善心、善性,强调"慎独"、自觉。

我国古代思想家还为一些重要的伦理道德原则作了较详尽的阐述。"义"和"利"是一对很重要的道德范畴。"义"泛指人高尚的道德情操;"利"指物质利益,还应分为"公利"与"私利"。如何正确处理义与利的相互关系,应树立什么样的道德准则,我国古代思想家进行了多方面的深入探讨,先后总结出"贵义轻利"、"义利合一"、"兼顾义利"、"以义统利"等不同观点。但有一点很明确,在义利的相互关系上,极为重视义,突出高尚的道德情操。因为,古代思想家正确地指明,人与动物的区别就是人有意识、有义、有道德准则,在物质利益,尤其在个人私欲面前,应有正确的道德准则。孔子就指出:"见利思义","不义而富且贵,于我如浮云"(《论语·述而》)。荀子更进一步阐明"先义而后利者荣,先利而后义者辱"(《荀子·荣辱》),义与利的先后,乃"荣辱之大分也"。如果"为事利,争货财","唯利之见"便立不成大事业,只有"不倾于权,不顾其利"才能展宏图,立大业。为此,荀子提出要以高尚的道德品质来控制和改造个人的私欲。而墨家的主旨更是以"兴天下之利,除天下之害"(《墨子·兼爱下》)为本,提出"义,利也",要努力实现"国家之富,人民之众,刑政之治"(《墨子·尚贤》)。总之,人们的言与行要以能否给国家、给百姓带来利益为准则。我国古代思想家们极为看重优秀的道德品质,坚守高尚的道德情操。

东汉时期传入中国的佛教,经三国两晋到南北朝四五百年间得到长足发展,佛教创始人悉达多·乔答摩能抛弃王位和豪奢的生活,剃度出家,就是有感于人生老病死的痛苦,他希望通过苦行求得觉悟和解脱之路。佛教认为人生是苦海,这固然是对现实矛盾的揭露,但是关于人生之苦的根源,佛教认为"不在于社会,而是在于个人的无明",也就是对于真理的愚昧无知。因此佛教把人通过修行扼制欲望作为解脱痛苦进入涅槃之境的必由之路。

我国汉朝以后,中华文明也是经过漫长的等待,在北宋"五子"出现后才再现伦理思想的勃兴。可以说把智慧和仁慈作为人性完善的两个方面所导致的精神化倾向在公元1000年后达到高峰,我国以程朱为代表的宋明理学对社会精神、价值及道德观的垄断,在这一时期酝酿并发展了禁欲主义的价值观,它深深压抑了那个时代人们追求幸福生活的热情,对人的精神性存在的顶礼膜拜践踏了人存在的世俗权力和现实性,从而抽掉了伦理学作为智慧之学的现实基础。禁欲主义特点可以称为"克己论"或"严肃论",特别是在二程和朱熹学说中。二程把义利完全对立,他们主张:不论利害,惟看义当为与不当为。朱熹则指出圣贤千言万语,可用一句话概括:"明天理,灭人欲。"(《朱子语类》卷十二)他把义利关系归之为天理与人欲的关系,要求:"革尽人欲,复尽天理。"(《朱子语类》卷十三)这种鄙视物质生活,认为应克制欲望发展理性的学说肇始于孔子,他在《论语·述而》里,这样表达自己对财富的理解:"饭疏食,饮水,曲肱而枕之,乐亦在其中矣。不义而富且贵,于我如浮云。"

尽管宋明理学也与西方的经院哲学有着相似的气质,我们却不能这样看待其作为一种思想历程在中国伦理学史上的地位,尽管它的严格和谨慎制约了民族的活力和创造性,但是以二程、朱熹、陆九渊、王阳明为代表的思想家为我们提出了关于个人生活和群体生活相融的较为恰当的表现形式,使儒学重获独尊地位,为一个民族的共同生活提供共同的信仰和价值观。他们格物致知,穷究天理的执著让我们看到道德通过文明化的心智清晰地显现,道德的进步也往往由这些从本民族的知识精英中脱颖而出的智者贤人引领。人类的道德进步是一个缓慢而持续的过程,一如那些充满悲观主义气息的思想家们所预想的那样,孔子说:"吾未见好色如好德者。"(《论语·卫灵公》)孔子之后这种"生于忧患,死于安乐"的警惕性促成了道德学家在内心保有对本民族道德进步的渴望。即使在今天,我们谈道德建设依旧任重道远;即使在今天,我们分析民族的道德心理,依然可以看到宋明理学的影响无处不在和对完善个人道德修养的启发作用。

但是明朝中叶以后随着工商业的发展,新的资本主义生产关系开始萌芽,与此同时启蒙伦理思想作为一种新的社会思潮也开始出现。唐凯麟先生将这种思潮定义为:中国明代以来,特别是在明清之际的特定历史条件下,从地主阶级内部分化出来的在野的开明知识分子,为了改革当时的封建弊政,挽救社会和民族危机,而对传统封建道德及其伦理思想所进行的自我检讨和自我批判的思潮。① 这一思潮清算了之前统领中国人思想文化领域的蒙昧主义和禁欲主义,到了明末清初时期,最伟大的哲学家王夫之提倡"功利主义,经世致用"。在他之前南宋永康学派的主要代表陈亮在与朱熹的"王霸义利"之辩中,就提"功到成处,便是有德;事到济处,便是有理"(《宋元学案·龙川学案》)。认为道德不能脱离功利,必须达到一定功利并实现一定的社会物质利益,这一惊世骇俗之说是对自孔子以来重义轻利思想的反动。一直以来,孔子"君子喻于义,小人喻于利"的价值观居于中国正统之首,并由董仲舒进一步深化为"正其谊不谋其利,明其道不计其功"(《汉书·董仲舒传》)。这一思想传统在明及以后遭到了李贽、颜元等的极力抵触,李贽提"人心自私",穿衣吃饭即是"人伦物理",强调物质利益对道德生活的基础意义,甚至从人性的普遍角度肯定圣人不能无势利之心。

明朝灭亡以后,痛定思痛的中国知识分子进一步反思失天下的思想根源,接扛功利主义大旗的是17世纪哲学家颜元,他把董仲舒的命题"正其谊不谋其利,明其道不计其功"(《汉书董仲舒传》)改为"正其谊以谋其利,明其道而计其功"(《四书正误》),还特别倡"实学"、"习行",反对宋明理学家那一空疏无用之学,要求人们实做其事。中国功利主义的发展虽然曲折也最终没成主流,但哲学家们所倡行的实事求是之精神,对中国由来已久的超功利主义思想无疑是一种切合时代需要的修正。

第二节 国内外伦理思想对我国旅游业发展的启示

一、我国旅游业发展中存在的问题

我国历史悠久、文化灿烂、山河秀丽、民族众多、旅游资源丰富而独特,是一个旅游资源大国。当前,旅游已成为人们生活中的一个重要内容,旅游产业也成为国民经济的一个支柱产业。随着人们对旅游质量要求的不断提

---

① 参见唐凯麟:《走向近代的先声》,湖南教育出版社1993年版。

高,旅游业却出现了一些亟待解决的问题,引起了人们的强烈不满。这些问题已经严重影响到旅游活动的质量和旅游产业的发展,集中反映了我国旅游伦理水平亟待提高。这些问题如下:

1. 旅游资源破坏。受旅游者数量倍增的压力,旅游资源仍然是有限的、稀缺的。由于对此认识不足,在我国旅游业发展中,出现了从旅游资源开发者、经营组织者到游客挥霍旅游资源、破坏生态环境的现象。由于一些开发项目缺少科学的规划和管理,出现了旅游开发到哪里,污染与破坏就带到哪里的"旅游摧毁旅游"的现象。

2. 旅游服务纠纷不断。旅游服务是第三产业特别是服务业的重要组成部分。旅游业正经历着一场涉及服务观念、服务艺术和生活方式的"旅游革命"。然而,我国现有的旅游服务质量却不尽人意。旅游秩序混乱,不合理的行程安排,不规范的旅游服务等,导致了旅游利益纠纷和大量旅游者投诉,严重败坏了我国旅游业的声誉。究其原因就是旅游服务者的诚信服务意识不够,缺乏旅游服务道德约束和法律监督机制。

3. 旅游文化商业化现象严重。文化是旅游的核心。正是旅游所具有的文化传播和交流的功能,导致人类对自身发展的反思,由此创造出新的物质和精神财富。因此,没有文化内涵和品位的旅游,就无法满足旅游者的不同层次需求。如文化消费需求、智慧启迪需求、摆脱喧嚣社会环境和日常琐事的需求和在自然和人文景观中洗涤心灵、完善自我的需求等。可以说,没有文化品位的旅游,是没有生命力的旅游。但是,当前我国旅游业由于受急功近利的经营思想影响,导致旅游文化传播过度商业化,使我国优秀的传统文化受到冲击,旅游文化教育的功能受到影响。

从以上旅游业发展过程出现的各种问题可以发现:加强旅游文化建设,弘扬中华民族优良的文化传统,促进旅游精神文明,已经成为我国旅游业急需关注的重要问题。而道德规范恰恰是协调这些关系不可或缺的重要环节。人们把在旅游活动中所应遵循的道德规范的总和称为旅游伦理。当前旅游活动中出现的各种问题归根结底是由于人们的旅游伦理意识普遍较弱,文化素养不高,以及对旅游伦理建设重视不够造成的。因此,发展旅游业,加强旅游道德教育,培育和提高人们的旅游伦理意识,是推动旅游业健康发展的前提。

二、中西伦理思想在旅游伦理构建中的作用

旅游伦理是人们在旅游活动中所应遵循的道德规范的总和。旅游是人

类活动的一个特殊方式,《辞源》讲"旅者,客处也";《吕氏春秋》称"游,乐也"。人们把这种离家客处外地进行游乐活动称为旅游。在这种特殊的活动中,人们必须处理一系列复杂的关系,即人与自然的关系,人与文物古迹的关系,旅伴之间的关系,人的身心关系等。道德规范是处理这些关系不可或缺的重要规范。通过道德规范给人们的旅游行为指示道德方向,并内化为人们旅游行为的习惯,才能使这些关系消除紧张对抗,实现和谐统一。可见,旅游伦理是人们旅游行为的善恶指南,是人们在旅游活动中提升人格的有力杠杆,是旅游产业发展所依赖的核心软件。

谈及旅游伦理构建,传统文化中丰富的伦理思想能够为今天的旅游道德建设和旅游伦理提供借鉴,悠久历史的积淀成果在今天必能迸发出新的活力。在我国丰富的伦理思想的孕育过程中,早在古代就有旅游伦理思想。翻看中国上下五千年灿烂的历史,会发现对旅游这项古老而特殊的人类活动的记载不胜枚举,同时,在中国古代旅游活动中也表现出了独特的伦理特征。正如黑格尔所说:"传统不是一尊不动的石像,而是生命洋溢的,犹如一道洪流,离开它的源头越远,它就膨胀愈大。"[1]作为与社会、经济、文化等方面具有广泛联系的旅游业来说,其发展不仅是一个产业发展的问题,而且与人们的价值观念、价值取向、自我意识和生存质量紧密相关。旅游伦理是一个复杂的思想观念和行为准则体系,主要涉及人与自然、人与历史、物质与精神、人与人、人与自身等方面的关系,其核心是贯穿于所有关系之中的人与人的关系。利益和道德的关系问题是伦理学的基本问题,旅游伦理的基本问题也就是旅游利益和旅游道德的关系问题。利益是道德的基础,这是马克思主义伦理学的一个基本结论。在旅游利益结构中,共同利益和个别利益、局部利益和整体利益、眼前利益和长远利益更多地表现为矛盾运动,尤其是"大众旅游"时代所表现出来的经济利益冲突、环境利益冲突和社会文化利益冲突,充分反映出了旅游利益矛盾运动的客观性。旅游道德是政治法律之外的重要的利益调控方式,旅游道德的缺失会使得旅游利益调控更为艰难。解决这一系列旅游利益冲突,单凭政治、经济乃至法律手段显然是不够的,需要发挥旅游伦理的调节功能,尤其需要旅游伦理作为正确的价值导向。

对于构建旅游伦理来说,就必须正确对待中外伦理思想,各种中外伦理思想都是中西方文明之树上所结的一颗颗硕果,是人类优秀道德成就,尤其是那些适应市场经济发展的道德体系,对于我们建设旅游伦理道德体系具

---

[1] (德)黑格尔:《哲学史讲演录》第1卷,贺麟、王太庆译,商务印书馆1982年版,第8页。

有可供借鉴的价值。历史上任何道德概念、范畴或伦理思想,其本身就蕴涵着肯定因素和否定因素,随着社会历史条件的变迁,两种因素会相互转化,或者一方得到了弘扬而另一方则归于消失。

(一)西方真善相统一的伦理思想

真善相统一的传统在古希腊就已明显确立,苏格拉底提出"美德即知识"的思想,认为人只有具备对道德的理性知识,才有可能成为有德之人。近代伦理思想家更为明确地把真当做善的基础,认识世界是道德认识的前提和必要条件,道德必须建立在人的理性和知识基础上,这表述了人的知识素质对于道德的重要作用。进入现代以后,出现了非理性主义的伦理思潮,把非理性的情感、意志、生命力等作为道德源泉,从而削弱了道德的社会作用,但是非理性主义的到来也使人们开始重视非理性因素在道德中的作用,拓宽了道德的领域,发掘了影响道德的深层次的因素。在当代,人们又重新认识和重视理性对道德的作用,同时也十分重视非理性的作用。另外,把理性区分为求真的纯粹理性和求善的实践理性,把哲学与伦理学适当分开,这是西方伦理思想的又一传统,在近代得到了充分发挥。从理论上看,对哲学与伦理学,真和善适当分开,有利于这两个学科本身的独立发展,也有利于人类进一步认识和改造自身。这与近代工业化及现代化进程有关,它既要求人们充分认识、改造自然,又要求人们充分认识、改造日益复杂的社会生活和人际关系,还要求人自身的素质得到全面、广泛的发展。早在19世纪20年代,法国著名的社会学家和教育学家涂尔干就提出,只有依靠道德规范人们的行为,加强道德在人们行为中的调节作用,才能维持社会的稳定、和谐的思想。他认为,"道德是各种明确规范的总体,道德就像许多具有规定性的边界的模具去框定我们的行为"[①]。涂尔干提出的纯粹世俗道德把过去只有少数人能达到的"圣人道德"变为人人可达到的"平民道德"。旅游伦理构建在很多方面也与公民道德教育有重合之处,而且随着"大众旅游"的兴起和发展也使旅游者涉及的范围得到不断扩大。涂尔干的世俗道德思想给旅游者伦理构建以启示,应通过立足于现实条件和具体操作去构建人们在旅游中善的价值观念,使得旅游伦理道德成为每个旅游者都能达到的"平民道德"。

随着科学技术的发展和人们生活水平的提高,世界正进入全球性的大众旅游时代。旅游成为世界经济文化交流的重要领域、人类文明进步的重

---

① (法)涂尔干:《公民道德》,陈光金等译,上海人民出版社2001年版,第28页。

要标志以及现代生活方式的重要组成部分,旅游的内涵也日益丰富。旅游业发展中不断出现的伦理问题,要求我们不断加强旅游伦理思想研究和旅游伦理建设。在研究和借鉴我国古代以及西方有价值的伦理思想的基础之上,应当对旅游伦理的理论建设给予更多的关注和思考。旅游业的健康发展,将为社会主义物质文明和精神文明建设提供新的动力。

旅游业可持续发展中蕴涵一致的伦理精神。旅游业可持续发展既要遵循理论伦理准则,又要符合应用伦理要求。其中,旅游伦理中的道义学与目的论和应用伦理中的旅游伦理、商业伦理、生态与环境伦理在旅游业可持续发展中发挥着至关重要的作用。它们不仅真正影响人们的行为,而且符合目前旅游业可持续发展现状,有利于旅游业可持续发展的实现。试图从以上层面对旅游业可持续发展中的伦理进行探讨。

1. 道义学伦理准则

旅游业可持续发展对旅游企业、旅游者、经销商等提出了伦理道义上的要求,目的是充分保护自然环境和对当地居民负责。唯有如此,旅游业可持续发展才有根本保障。1990年温哥华全球旅游可持续发展大会上形成的《旅游业可持续发展行动计划》,明确规定了旅游业可持续发展的八大原则。其中的一些原则深刻地体现了伦理道义学精神,比如:旅游代理商、公司、团体和个人应遵守道德标准,尊重目的地文化和环境、经济发展模式及传统生活方式;应该用可持续发展方式管理旅游业,重视对目的地自然和人文环境的保护和合理利用;遵循公平合理原则,使旅游收益和成本在旅游业促销人员及当地居民等之间合理分配;应鼓励当地居民在政府、企业等部门支持下,在旅游规划和开发中发挥一定的作用。

云南迪庆香格里拉生态旅游示范景区在开发设计其"特色旅游交通——马帮道"时,就充分体现了道义学原则。专家们否定修公路的一般做法,而把游客、环境和社区居民利益统一协调,选定了环保的、反映当地文化的、为社区居民谋福利的替代方案,即修建弹石马帮道。马帮队由当地村庄的藏族和彝族村民利用各家自有马匹组成,交由马队旅游服务公司统一管理。公司规定:单日由藏族马队服务,双日由彝族马队服务,最后利润在马队公司、社区居民和县旅游局之间进行合理分配。

2. 目的论伦理准则

伦理目的论以行为结果为导向,并充分考虑所有利益相关者的利益,它对旅游业的可持续发展起着更为明显的作用。旅游业必须考虑所有利益相关者的需求。在为了自身利益、主要是经济效益不断"进步"的同时,旅游业需承担相应的社会责任,对旅游造成的环境破坏作出积极反应,并预先采取措施避免负面影响。

目的论在文化遗产保护措施中也有所体现,"文化遗产的灵魂是他们的原生性和真实性"。为了保持文化遗产原生性和真实性,人类必须采取预防保护措施,而不能在他们惨遭破坏后再予以补救。依靠高科技促进遗产地的旅游业可持续发展,是防患于未然的措施,如提高遗产地生态环境质量的清洁卫生技术、提高开发保护决策科学化的评估技术、对文化遗产细微变化进行及时反应的监控检测技术等。目的论在本质上强调的是,旅游业可持续发展必须坚持保护永远第一位的原则。

3. 旅游业可持续发展中的应用伦理准则

温哥华全球旅游可持续发展大会对旅游业的可持续发展作出了解释:在维持文化完整和保护生态环境的同时,满足人们对经济、社会和审美的需求;既能维持当代人的生计,又能提供同样的机会保障后代人的利益。可以看出,旅游业可持续发展包含三个密切相关的发展战略,即生态可持续发展、经济可持续发展和社会可持续发展。

(1) 生态与环境伦理准则

生态可持续发展是指人类在开发利用资源环境时必须遵循生态学原则,开发和利用资源的程度要限制在生态环境承载力范围内,以维护生态系统正常的物质循环和能量流动。它所体现的环境伦理和生态伦理准则要求人类与自然环境共生或和谐共存。人类必须尊重自然的发展,必须清楚地认识到发展带来的成本代价。人类的主观能动性发挥需慎重考虑自然环境发展的客观规律,这正是俄罗斯学者主张的"技术圈与生物圈共生"原则,即人与自然的和谐关系应建立在理性基础上,既能发挥人类智慧又要符合自然环境规律。所以,旅游业可持续发展要求人与自然具备双向责任模式——"人与自然协调论",这种伦理观念把人类看做生态系统的组成部分,强调人与自然的平等和共生关系,呼吁人类改变一直以来固守的"人类中心论";强调人类利益,忽视自然存在的不负责任论点,也不是单纯的"生物中心论";强调对旅游目的地负责,不谈对生态旅游者负责的观点。

长期以来,人类对自然的破坏侵犯了自然的生存权利,违背了环境和生态伦理。因此,人类应尊重自然的基本权益,即自然生命的生存和繁衍权益;同时保护生态环境的完整性和复杂性;保护物种的多样性,保护物种之间相互依存的生态关系。旅游开发规划注意功能分区并严禁旅游者进入核心保护区,开发规模和强度必须控制在环境承载力的范围之内。

(2) 商业伦理准则

经济可持续发展必须建立在生态环境可持续发展基础之上,不能只关注经济数据的"增长"(growth),更应关注"发展"(development),即要努力提高人们总体生活质量,同时要求实现"代内公平"(intra generational equality)和"代际公平"(inter generational equality)。由此看来,经济可持续同样体现了环境和生态伦理,因为只有在生态环境承载力范围内,经济的发展才有真正的意义。而横向的"代内公平"和纵向的"代际公平"同时暗含商业伦理。"代内公平"的核心是经济利益在所有利益相关者中进行公平合理分配,尤其要照顾目的地居民利益。"代际公平"要求保护当前日益枯竭的环境资源,为人类后代发展作出贡献或提供基本保障。这些要求符合商业伦理基本准则,即尽量考虑所有相关者的根本利益。

事实上,很多发展中国家和欠发达国家社区,在对外招商引资以促进本国旅游业发展时,都不幸遭遇到经济漏损——旅游业发展产生的绝大部分经济利益被投资者带走,而目的地的优质资源无法带动社区经济发展。外来商业投资追求利润回报最大化的做法违背基本伦理道德。为解决这一问题,国际社会应联合起来,共商对策,遏制外来投资者唯利是图的不道德行为,根本策略是改变目的地旅游业发展模式。社区参与模式是有效的方案之一,这一模式又可分为"间接参与"和"直接参与"。"间接参与"是指引进外资时强调"资源有价"原则,当地社区用资源入股,投资方回馈社区一定比例的经济收益,用以改善社区环境,提高当地人们生活质量;"直接参与"是指社区政府、资金、居民都参与旅游业开发与管理,参与规划决策,从而最大程度避免旅游收益漏损。因此,直接参与更为有效,也更符合旅游伦理要求。

(3) 旅游伦理准则

社会可持续发展是指国内与国际社会稳定持续的发展,国内要有保证公民长期有效地参与国家发展决策的社会体系;国际上,各国人民应互相合作,谋求国际社会环境稳定和共存。反映在旅游业可持续发展方面,即强调社区居民参与旅游发展决策,在尊重和保护当地社区文化完整性和"原始性"(originality)的前提下,鼓励社区居民直接参与旅游产品的开发和服务。社区居民作为当地传统文化的重要载体,有条件也有资格参与产品的开发设计。如"丽江纳西古乐"等独具民族特色又能产生较高经济效益的旅游产品就充分发挥了当地居民的才艺,同时也深化了旅游伦理在产业开发中的实际运用。同时,世界各国之间应本着互惠互利的原则开展广泛合作,发动旅游者、社区居民、旅游经销商等共同开展环境教育,建立旅游信息交流网络,开发旅游科技产品并实现技术共享,保护人类共同的地球家园。

旅游业还应依照旅游伦理准则关注道德责任和表现"仁慈"。从某种意义上讲,道德责任和仁慈行为相通。仁慈行为是旅游业具有道德责任的表现形式之一。

以上三个方面总结了旅游业和伦理道德之间的联系:旅游业必须认识到它所发展的基础是有限的,环境和经济可持续发展要求进行有限制的开发;旅游业必须认识到必须以社区为依托,更多地考虑旅游开发对环境、对社会文化造成的破坏;旅游业必须认识到它是服务导向型行业,对待员工和顾客时要遵守伦理道德规范。

显然易见,旅游业的社会责任主要体现在保护生态环境、保护社区文化及传统、约束企业员工行为上。这些责任本质上要求人们在公平公正原则的基础上保证旅游业的可持续发展,并表现出人类对环境的"仁慈"(philanthropy);遵照公平分配和利益最大化原则,为社区谋取福利,以此看来,"仁慈"与旅游业社会经济责任也密切相关,因为旅游企业只有把经济利益合理地分配给当地社区,才能使社区居民有资金保护当地的自然和人文环境。从长远利益出发,旅游业唯有承担起社会责任才能确保其可持续发展。令人欣慰的是,越来越多的旅游企业勇敢地承担了一些社会责任,例如,帮助社区居民修建公路、学校、医院等基础设施,培训居民掌握环保技术等。

可见,可持续发展与伦理密切相关,伦理道德准则应贯穿旅游业可持续发展的全过程。无论自然生态环境资源还是社会人文环境资源,都必须在充分坚持道德规范的前提下得到合理的开发和利用。

作为综合性行业,旅游业在发展的同时必须充分考虑所有利益相关者的利益,承担相应社会责任,尤其要最大限度地为目的地的环境保护和经济发展作出贡献,这也是实现可持续发展的根本保障。

(二)"向善"和"天人合一"的伦理思想

在我国,早在《周易·观卦》中就提到"旅贞吉"告诉旅行者们只要在旅行时谦柔守正,就能获得旅途顺利。而在接待游者方面,《逸周书·大匡篇》中有"津济道宿,所止如归",即要便利旅行者行宿,使其所到之处宾至如归。而孔子的"有朋自远方来,不亦乐乎"更是广为人知。此外,与西方偏重于"求真"相比较,中国旅游活动更倾向于"向善",即在旅游活动中更强调对旅游者道德品格的塑造。中国古代著名的教育论著《学记》中就曾提出过"藏、修、息、游"的育人思想,主张把休闲游乐与敬德修业结合起来,从而造就完满发展的理想人格。

中国古代旅游中显现出的伦理思想主要是"比德"向善。这种精神反映出古代旅游者对自己伦理归宿的执著追求。伦理指人在社会中的地位及其应当遵循的道德规范。中国古代旅游强化了旅游者的伦理归属和道德塑造。"比德"观念起源于孔子的名言："知者乐水，仁者乐山。"(《论语·雍也》)它赋予山水以仁、智的道德品格，就是要求君子士人从山水中学习仁、智的道德规范，进而发扬人性。《说苑·杂言》这样解读"知者乐水"的含义，子贡问曰："君子见大水必观焉，何也？"孔子曰："夫水者，君子比德焉；遍予而无私，似德；所及者生，似仁；其流，卑下句倨，皆循其理，似义；浅者流行，深者不测，似智；其赴百仞之谷不疑，似勇；绵弱而微达，似察；受恶不让，似包；蒙不清以入，鲜洁以出，似善；化至量必平，似正；盈不求概，似度；其万折必东，似意。是以君乎见大水必观焉尔也。"而《尚书大传》这样解释"仁者乐山"，子张曰："仁者何乐于山也？"孔子曰："夫山者，岿然高，岿然高，则何乐焉？夫山，草木生焉，鸟兽蕃焉，财用殖焉，生财用而无私为，四方皆伐焉，每无私予焉，出云雨以通乎天地之间，阴阳和合，雨露之泽，万物以成，百姓以飨。此仁之乐于山者也。"清人刘宝楠《论语正义》补充说明："言乐于山者，言仁者愿比德如山，故乐山也。"

所以，就有了后人将孔子提出的"知者乐水，仁者乐山"称为"君子比德"之说。"比德"说肯定观览山水能够给仁人君子带来美感上的享受，正是由于大自然具有类似于仁人君子的品格特征，如大自然孕育万物象征仁者的秉德无私，水的深不可测，代表智者的学识渊博等等，因此，在游山观水的时候，志士仁人不仅能"高山流水，知遇知音"，并且能反省自身，陶冶情操。孔子除了提出"比德"说之外，还强调"父母在，不远游，游必有方"(《论语·里仁》)。然而儒家并不是无条件反对远游，他的条件就是符合周礼，符合儒家的忠孝节义以及儒家的修身养性，符合治家治国的礼乐教化。儒家主张和看重近游，是因为这种短途旅游既可达到和家人同享天伦之乐的目的，又可以健康身心和陶冶性情。父母在世之日，儿子久游不归，一方面令父母担忧，另一方面儿子也不能对父母尽关心赡养的义务。孔子只是要求做儿子的出门之前必须制订好游览计划，把游览路线、时间、归期等这类情况告诉父母，使父母心中有数。但是，父母去世后，儿子远游自然不在限制之列。同时，孔子也十分重视远游的作用，把它视为开阔视野，增长学问的重要途径。《论语》开宗明义就说："学而时习之，不亦说乎？有朋自远方来，不亦乐乎？"这是孔子对于为他而纷至沓来的客人的欢迎词，也是对当时人际交往频繁，旅游之兴盛的社会现象的一种良性指导。

之后，南朝宗炳又提出的"畅神说"，这些山水风光怡神寄情等旅游伦理观念,更加明确地指出了旅游活动具有兼容物质与精神属性的特征。另外道家的"天人合一"的思想以及庄子所追求的"与天地同生,与万物为一"的独与天地精神相往来的"逍遥游"精神和"物物而不物于物"的人生态度,不但将审美置于人生的核心地位,同时也强调了应该对自然保持尊重。这些旅游伦理思想都是中国传统文化中的宝贵财富,对于今天我们旅游伦理教育的开展有着非常重要的借鉴意义。

宋朝理学的代表人物朱熹的旅游思想既包含理学思想的精髓,更有儒家的思想传统,他的旅游思想是孔子山水"比德"思想的继承,也是这一思想的发展。朱熹对此的解释是:"且看水之为体,运用不穷,或浅或深,或流或激;山之安静笃实,观之尽有余味。"(《朱子语类》卷三十二)"仁者一身浑然全是天理,故静而乐山,且寿,寿是悠久之意;智者周流万物之间,故动而乐水,且乐,乐是处得事理当然而不扰之意。"朱熹在《论语集注》中一语中的:"知者达于事理而周流无滞,有似于水,故乐水。"完全把水这种自然现象道德化了。既然山水具有道德品性,那么仁人志士要想获得山水的滋润和涵养,就必须去"乐山"、"乐水",游览大自然的山山水水,进而从中受到启发和陶冶。朱熹说:"于理穷得愈多,则我之知愈广。只是这一件理会得透,那一件又理会得透,积累多,便会贯通。"(《朱子语类》卷四十四)由此可以看出,朱熹主张通过游历来增长学识,进而达到穷理之目的,并由此提高自身的素质和修养。朱熹认为,或雄伟或秀美的大自然的景色风物,是人们创作激情和灵感产生的重要源泉。朱熹说:"天有四时,春夏秋冬,风雨霜露,无非教也;地载神气,风霆流行,庶物露出,无非教也。"(《札记·孔子闲居》)因此,聆听山水林泉,游览天地自然,可以从中感受人生之乐,领悟宇宙生机,明晰天地之理。则大自然是伦理精神的象征,更是生命的象征。"比德"这种传统之伦理境界由此提升为属于伦理,又超越伦理,归于审美又超越审美的旅游美学的绝妙境界。难怪朱熹把旅游视之为一生中不可或缺的活动内容,自称"平生山水心",把旅游看做开阔视野、结交名流佳士、增进学识、调节学习生活的重要方法,也是个体人格发展的理想途径。唐代韩愈的《燕喜亭记》,可以说是"知者乐水,仁者乐山"的最佳解说之作。文中说韩愈等人游览广东连北山,为山水景色所醉,兴致所致,乃为之一一取名:山谷为"谦受之谷",意指它有谦虚之美德;山丘为"俟德之丘",指出其"蔽于古而显于今,有俟德之道";泉为"天泽之泉",因为它"出高而施下";池塘为"君子之池",意指"虚以钟其美,盈以出其恶"。这是典型的"比德"观念,通过命名的方式,将人的主观审美情感"移入"到可观察到的自然对象之中,赋予自然山川以道德品性,这种"移情"使自然与人达到共鸣与同化,自然的风貌与人的气质相互沟通,二者在融合的对流运动中彼此合二为一,然后通过对这些自然山川的旅游来体悟和铸造人生。"比德"思想塑造了中国人旅游向善的人文精神风貌,这对于当代的旅游者具有重要的指导意义,是旅游活动中提升人们人格的有力杠杆。

(三)儒家"仁礼观"伦理思想

在中国乃至整个世界范围,"儒学"都有着深远的影响,其"仁礼观"更是深入人心。据统计,在儒家的经典著作《论语》中,"仁"字出现了百余次,"礼"字出现了七十余次。仁和礼各自的地位和价值及其之间的相互关系,一直是很多学者共同关心的重要问题。或云仁重于礼,或云礼重于仁,众说纷纭。总体上我们可以认为,仁是一种理性思维,属于价值理性,礼是一种道德规范,属于实践理性,两者密不可分。而其前提则是:仁作为一个动态的存在,属于德性范畴,即仁经由内心潜在的德性,到经过礼的规范化而发展成完美的人格,其间是一个不断变化的发展过程。在这一过程中,礼和仁,各有其不可取代的价值。

如果说仁是人之为人的本质规定的话,那么礼就是人在社会生活中实现其本质的唯一恰当的方式和途径。体现在旅游伦理中是尊重和维护旅游资源存在和发展的内在权利,是社会环境的文化多样性和保护自然环境中的生物多样性的理性思维;而礼是仁外化的、形式化的道德规范,体现在旅游伦理中就是指对旅游资源和环境具有保护作用的规章制度与法律法规,这些法律、规章和制度遵循了旅游资源内在的生存规律特征,有效地实施生态保护,使其能够实现可持续存在与发展。

从文化渊源上看,从儒家传统文化中提炼的"仁礼观"有着深厚的文化积淀,所以,以儒家文化为载体构建具有中国文化特色的旅游伦理,更易于被国人接受,也能更好地指导中国旅游伦理的实践。我国旅游业只有通过旅游伦理的广泛宣传,使得旅游者具有较高的旅游伦理意识,才能以最小的环境代价来实现最大的旅游价值。把内化的"仁"的思想通过"礼"的约束充分实施在旅游行为上,我国旅游业力图倡导旅游行为的文明化、无害化,使旅游者严格遵守各种法律法规,保护生物资源及其生存环境的多样性,尊重并维护当地居民的文化价值,从而使旅游者成为真正的负责任的旅游者。

如果旅游行业不重视儒家传统文化,只能是使自己的行业发展不可持续。特别是在生态危机的背景下,只有把儒家文化纳入旅游行业的重要思想资源,才能使自己的行业义利兼备。其实,儒家文化作为我国传统文化的主流,主张兼爱万物,尊重自然,探讨儒家传统文化思想的合理内核,对于我们今天认识人与自然的关系,维护生态平衡,促进旅游生态的可持续发展,具有十分重要的意义。只有如此才会使旅游业的发展与生态环境保护、历史文化传统同进步、共发展。

儒家文化认为人是自然界的一部分,人与自然万物同类,人对自然应采取顺从、友善的态度,以求人与自然的和谐发展。儒家虽然主要关注的是人,但是它看到了人的生活与自然的依赖关系,主张人道本于天道。

1. "敬畏生命"的伦理观

在儒家传统文化中,孔子的"知天命"的伦理思想在《论语》和《史记》中就有记载:五十而知天命。这里的"天命"是指自然规律。后来,荀子"制用天命"的生态伦理实践观更进一步丰富了孔子"敬畏天命"的生态伦理思想,把儒学创始人开创的"知天命"——"畏天命"的生态伦理思想路线发展为"知天命"——"畏天命"——"制天命而用之"的生态伦理思想路线,不仅为儒家的生态伦理思想增添了实践意义,而且提出了人类保护自然、使之用之不竭和保持生态平衡的生态伦理责任。体现在旅游生态伦理实践中,就是要从非人类中心主义的伦理观出发,不能以人的主观意志为转移,这是深层次的旅游生态伦理开发和保护原则。在实践中应该遵循万事万物的发展和变化规律,保持旅游资源特别是森林生态等易被破坏景观的"原始"形态,在保护的前提下,适度开发与发展旅游业。

2. 儒家的"仁、礼"观

儒家认为"仁者以天地万物为一体"(《河南程氏遗书》卷十一),一荣俱荣,一损俱损,尊重自然就是尊重人自己,爱惜其他事物的生命也就是爱惜人自身的生命。把尊重生命、维护生命作为人的一种美德。荀子认为万物各得其和而生,各得其养而成,力主对自然万物施以爱护。汉朝的董仲舒则明确提出把儒家的"仁"从"爱人"向爱物扩展。"质于爱民,以下至鸟兽昆虫莫不爱。不爱,奚足以谓仁?"(《抱朴子内篇》)从以上概括来说,儒家的"仁"主要有两个方面的含义:

(1)"仁"的本质含义是爱,即相互尊重。体现在旅游生态环境伦理中既是尊重旅游资源存在和发展的内在权利,也是保护旅游资源所依赖的自然环境的生物多样性和社会环境的文化多样性的理性思维。物种多样性的存在正是目前旅游业具有丰富的旅游资源的源泉,从而满足了旅游者的多元化和个性化需求,实现了旅游资源的观赏、审美等的综合价值。

(2)"仁"的延伸内涵:由爱亲人、爱众人推及爱万物,这种爱的对象范围的延伸,是儒家的"推己"之学,应用在旅游生态伦理中,就是与旅游可持续发展相对应的"代内公平"和"代际公平"伦理。"代内公平"是指在不同空间地域中的国家和地区对保护旅游资源和环境拥有平等的责任和义务,使"代内"旅游者共同享有旅游资源。"代际"公平是从实践特性和人类认识能动性为前提提出的人类应该有的道德责任感和对未来人类利益的道德义务感。"代际"在旅游伦理中的最重要的体现就是可持续发展的内涵:在不牺牲子孙后代利益的前提下,满足当代人的需要,即让旅游者在"代际"间持续享有旅游资源。

3. "取之有度"、"用之有节"的节用观

儒家主张"取之有度"、"用之有节"和"量入为出"。"子钓而不纲,弋不射宿。"(《论语》)充分揭示了孔子的生态资源节用观。在资源的开发利用上,儒家强调取用有节,物尽其用。孟子也主张对自然资源的开发利用要有时有节,"不违农时,谷不可胜食也;数罟不入洿池,鱼鳖不可胜用也;斧斤以时入林,材木不可胜用也"(《孟子·寡人之于国也》)。也就是说只有认真保护自然资源,自然资源才会丰富起来,反之就会枯竭。管仲提出"以时禁发"的开发原则,即"山林虽近,草木虽美,宫室必有度,禁发必有时"(《管子·八观》)。在儒家传统文化中,无论是"敬畏天命"的伦理观,还是"仁礼观"和"节用观",都体现了"天人合一"的思想内涵,强调人与自然的和谐发展。在旅游开发上,我们要始终贯穿"天人合一"的生态伦理意识,从而建立合理的旅游生态伦理体系。

我们对待各种中外传统伦理思想时,应把它们放在我国当前社会历史条件下,依据当前道德建设的实际情况和需要,弘扬或扬弃其中某一方面,取其精华,去其糟粕。中外思想家总结出来的同社会生活相一致的伦理道德规范,是社会生活所必须的,也是被人们所接受的。那些被世世代代延续下来的美德,正是文化中的精华。经过创造性转换融入我们提倡的伦理思想概念、范畴或原则、规范之中,为创立适应由中国特色的社会主义发展的旅游伦理道德体系所用。

思考题:

1. 简要阐述英国功利主义思想家、法国启蒙思想家和德国古典哲学家的伦理思想。
2. 简要概括中国传统伦理思想的主旨。
3. 试论中外伦理思想有何异同?
4. 我国旅游业发展中存在的问题有哪些?
5. 如何进行旅游伦理的构建?

第三章 旅游企业伦理体系的构建

众所周知,旅游业是 21 世纪的朝阳产业,但随着旅游者对旅游质量要求的不断提高,旅游者与旅游企业之间的利益矛盾不断彰显出来,经常引发一些伦理道德问题。针对这些矛盾和问题,作为旅游经济的主体,旅游企业在追求自身利益最大化的同时,必须勇于承担自己的社会责任,加强伦理道德建设,构建完整的企业伦理体系,最终实现"经济人"与"社会人"双重角色的完美结合。

第一节 旅游企业伦理的重要内涵

一、旅游企业伦理的含义

(一)企业伦理的含义

企业作为市场经济的重要组成部分,是指能够作出统一的生产决策的单个经济单位。企业从私人企业发展到现代的公司企业,实现利益的最大化始终是企业的最终目标。因此,许多企业认为自己并不需要承担伦理道德责任,但随着全球经济环境的剧烈变化,也带来了一系列的社会问题,诸如生态环境破坏、资源浪费、伦理道德等众多问题,这些问题给企业的经营和发展带来了直接的影响。为此,企业界开始考虑企业经营的伦理道德问题,企业伦理学应运而生。企业伦理也称商业伦理,是指蕴涵在企业生产、经营、管理及生活中的伦理关系、伦理意识、伦理准则与伦理活动的总和。这个定义表明了一个企业存在的原因,及其应以何种方式和途径来实现自己的存在价值。企业伦理是一个企业文化和价值观的核心,是企业提高核心竞争力的关键。同时,企业伦理反映了一个企业经营方面的伦理道德特征,是企业决策者和员工所共同遵守的行为规范。它决定着企业的经营策略和企业精神。良好的企业伦理,有利于提升企业的公共形象,增强企业内部的凝聚力,是企业一种重要的"软件"。

(二)旅游企业伦理的含义

旅游企业伦理是从企业伦理中衍生出的一种新的企业伦理价值观。随着旅游活动的蓬勃发展,旅游企业的社会责任及从业人员的职业道德问题得到了广泛的关注,人们开始反思如何建立一种道德规范体系来约束企业的行为,通过这种体系,能够调节旅游企业在旅游经营活动中形成的人与人、人与自然、人与社会的伦理关系。国内目前对旅游企业伦理的研究主要集中在三个方面:

1. 认为旅游企业伦理学是企业伦理学的一个分支,同时也是旅游学与企业伦理学的交叉学科。旅游企业伦理学的主体是旅游企业,研究对象是企业在经营活动过程的伦理行为,探讨的主要问题是旅游企业伦理学的内涵、地位、功能及旅游企业伦理体系的构建。

2. 旅游企业伦理与旅游活动的关系。旅游活动是旅游者在自然环境中得到精神享受和愉悦的过程。随着旅游业的发展,出现了环境污染、资源破坏、生态失衡等问题。我们建立完善的旅游企业伦理的主要目的就是为了调节旅游活动过程中旅游企业之间、旅游企业与旅游从业人员之间、旅游企业与公众之间的伦理关系,通过道德的约束来规范旅游企业的行为,促进环境保护,最终实现旅游业的可持续发展。

3. 旅游企业经营活动中产生的利益相关者之间的关系。旅游企业伦理体系主要包括旅游企业、旅游者、政府、旅游行业协会组织等,各个主体间存在着复杂的利益关系,各主体的利益既相互联系,又相互矛盾,虽然在解决矛盾方面,国家和各级政府制定了不少对旅游行业的管理法规,但仍无法彻底解决利益相关者之间的矛盾问题,因此加强旅游企业的伦理建设,充分发挥伦理道德的调节导向功能就显得尤为重要了。

(三)旅游企业伦理建设的重要性

1. 是构建旅游企业文化的重要组成部分。企业文化作为一种新的企业管理理论,在现代企业管理中发挥着愈来愈大的作用。面对着21世纪复杂的国际旅游市场环境,中国的旅游企业要想生存和发展,就必须大力构建卓越的企业文化。旅游企业文化建设的核心就是加强企业伦理精神的培育,构建完整的企业伦理体系。我国企业文化的建设往往蕴涵着优秀的传统文化，而中华传统文化的核心是儒家文化，其主要表现在强调人的作用，重视人际关系。儒家对"仁"的强调、对"礼"的推崇、对"利"的贬斥以及"和为贵"等伦理思想的提出，都是为了协调、规范人际关系。儒家的伦理思想还非常重视对人的全面教育和启发引导，强调用道德的力量来感化人和教育人。这些传统的伦理精神都为构建旅游企业的文化体系提供了丰富的思想借鉴。

2. 是旅游企业增强自身凝聚力、塑造企业良好道德形象的重要途径。旅游企业是具有社会性的组织，在企业内部存在着诸多复杂的关系，既有企业间的关系、经营者与消费者之间的关系、经营者与企业员工之间的关系、又有企业员工之间的关系。这些关系既有相互协调的一面，也有矛盾冲突的一面。要想解决这些矛盾和冲突，企业的领导和员工必须具有较高的职业道德水平和高度的责任感，维护企业的形象，处理好个人利益和集体利益的关系。

旅游企业加强伦理道德建设，培育员工的职业伦理精神，能够使员工提高自身的职业道德，爱岗敬业，真诚服务。同时，企业伦理能转化成企业的精神动力，对全体员工产生感召力和影响力，从而增强企业的凝聚力和竞争力。

3. 是旅游企业提升竞争层次、实现旅游业持续健康发展的重要保障。旅游企业加强伦理道德建设，能够使企业经营者逐渐跳出恶性低价竞争的怪圈，把目光投向研究企业的产品、品牌、信誉、质量及企业形象，找准市场定位，以质量竞争、产品和服务的竞争、员工素质竞争等全方位的竞争取代单一的价格竞争。通过关注生态环境，保护资源，最终实现旅游业的可持续发展。

二、旅游企业伦理的内容

旅游企业作为市场经济的主体，在遵循市场化运作规律的同时，加强企业的伦理体系构建成为其顺利经营的重要保障。旅游企业伦理建设的核心内容是企业如何在处理好义与利关系的同时承担相应的社会责任。义利统一观是我国经济思想史上的一个重要的范畴，以孔子的"义利观"为例，其强调了追求物质利益和求富疾贫是人的天性，要求人们在求利时应摆正个人利益与社会利益的关系，主张平均、平等的思想，用现代的新视角来审视孔子的义利观，对于构建企业伦理观有着重要的启示意义。企业的权利、义务和责任是不可分割的整体，旅游企业在享受权利、承担义务的同时，需要履行相应的社会责任,为社会的和谐、旅游业的持续发展作出贡献。

(一)旅游企业的权利

旅游企业的权利是指旅游企业(旅行社、旅游饭店、旅游景区等)在其经营过程中享有的权利,是旅游企业维护自身经营权益、实现利益最大化的重要保障,同时也是实现旅游企业伦理建设的重要前提条件。

1. 企业自主经营权

作为独立经营的企业法人,旅游企业具有自主经营权,包括产品经营决策权、产品定价权、产品销售权、服务采购权、资产处置权、雇佣劳动权等。旅游企业的自主经营权是受国家法律保护的,这些权利的行使不能被无理干涉和剥夺。对那些剥夺旅游企业基本权利的行为,旅游企业有权向上一级旅游行政主管部门提出申述,并有权向法院提起行政诉讼。

2. 签订合同权

旅游企业有权在自愿、公平、公正、诚信的前提下与旅游者、旅游企业签订合同。双方签订合同后,应该按《合同法》的规定维护自身的权益和履行自己的义务,遵守商业道德,信守约定。

在2009年第八届全国旅游会上制定了全国首个统一格式化旅游合同,年底前,全国统一的格式化旅游合同将全面实行。石家庄市旅游质监所所长邢文海说:"全国统一了旅游合同文本,新旅游合同是一个标杆,今后全国各旅行社与游客的合同,都以新合同为标准,新旅游合同的制定最大限度地保护了旅行社和游客的权益,也打击和避免了霸王条款。"

在格式化合同当中,对旅行社和消费者的各项权利和义务都进行了明确认定。新合同范本最大的特点是尽量使游客和旅行社责任对等,做到公平。按照旧版合同,行程因故取消时,对旅游企业和旅游者双方赔偿约定不明确,旅行社通常赔得较少。在新合同范本中,已做到双方责任对等。比如不管哪一方违约,在出发前4个自然日以上通知对方的,都应支付团费的5%作为违约金;违约方在出发前3至1日通知对方的,应支付团费的10%作为违约金;违约方在出发当天通知对方的,应支付团费的15%作为违约金。

3. 广告宣传权

旅游企业想要做大做强,广告宣传必不可少。旅游企业有权根据实际的需要通过媒体发布广告。而旅游广告是旅游者获取旅游信息的主要渠道,也是旅游企业与旅游者之间建立诚信关系的桥梁。因此,旅游企业必须重视广告的媒介作用,严格遵守国家广告方面的法规,提高旅游广告信息的

第三章 旅游企业伦理体系的构建

准确性和诚信度。

4. 合理收费权

企业作为独立的经济单位,追求自身利益最大化是企业生存和发展的必要保障。正如亚当·斯密所言:"每个人都在力图应用他的资本,来使其生产能得到最大的价值。"①因此,旅游企业在为旅游者提供服务时,有权按照国家法律法规的规定向旅游者收取费用。

5. 依法索赔权

旅游企业与旅游者及其他旅游企业签订合同后,有权要求对方按照合同约定的时间、线路、方式进行旅游活动。因旅游者或其他企业擅自变更合同而造成旅游企业经济损失的,旅游企业有权依法进行索赔。

现代市场经济的伦理原则是追求经济人和社会人的统一,企业如果想实现经济人和社会人的统一,必须以维护自身权利、实现经济利益最大化为基础。如果旅游企业的权利和利益没有保障,企业的伦理道德自然无从谈起。同时,伦理道德对企业经济利益的实现产生巨大的反作用。比如,信誉良好的旅游企业,在得到社会认可的同时,对企业的长远发展也产生巨大的推动作用。

行业链接3-1:1999年10月1日世界旅游组织大会在其第十三届会议上通过了《全球旅游伦理规范》,第九条规定了旅游业员工和经营者的权利。

1. 在旅游业及其相关活动中领取薪水的和自雇的从业人员,特别是考虑到他们工作的季节性旅游产业的全球性和他们的工作性质所要求的灵活性等不利因素,他们的基本权利应当在国家和当地政府的监督下得到保障,客源国和接待国都应当特别关注。

2. 在旅游业及其活动中领取薪水的和自雇的从业人员,有权利和义务获得适当的入门培训和继续培训;他们应当得到充分的社会保障,应当尽量减少他们工作的不稳定性;对旅游部门的季节性员工,应当提供特殊的条件,特别关心他们的社会福利。

3. 任何自然人或法人,只要具有必要的能力和技能,应当有权根据现行国家法律从事旅游职业;企业家和投资商特别是中小规模企业的企业家和投资商应当有权在最少的法律和行政限制下自由进入旅游部门。

4. 来自不同国家的管理人员和工人,无论其是否领取薪水,为他们提供

---

① (英)亚当·斯密:《国民财富的性质和原因的研究》(下),郭大力、王亚南译,商务印书馆1997年版,第2页。

经验交流有利于促进旅游业的发展；应当尽可能依照相关国家法律和国际公约为这些活动提供便利。

5. 作为促进国际交流发展的和急剧增长的不可替代的联结因素，旅游业中的跨国公司不应当利用他们有时所占据的优势地位；它们应当避免成为把某些文化和社会模式人为地强加到东道社区的工具；它们应当充分认识到，作为他们投资和贸易自由的交换，他们应当参与当地发展；应当避免过多地将利润撤回国内或由它们引起的过多进口，而减少它们对当地的经济贡献。

6. 客源国和接待国企业之间的伙伴关系与平等关系的建立，有利于旅游可持续发展和旅游增长利益的公平分配。（资料来源于《全球旅游伦理规范》第九条）

（二）旅游企业的义务

旅游企业的义务是指旅游企业（旅行社、旅游饭店、旅游景区等）在其经营活动中，为实现旅游者的消费需求而提供相关服务产生的各种义务和责任。

1. 遵守国家政策法规，自觉接受旅游行政部门的管理

旅游企业必须严格遵守国家旅游行政管理机关颁发实施的各种政策法规，在经营活动中遵守商业道德，诚实守信。自觉接受旅游行政管理部门对其业务情况、服务质量、旅游安全等方面的监督检查。

2. 遵守旅游业务经营规则，严禁从事违法旅游业务

旅游企业不得采用下列手段从事旅游业务：

(1) 假冒其他旅游企业的品牌、注册商标和质量认证标志的；

(2) 以承包、挂靠方式非法转让经营权的；

(3) 以低于成本价参与恶性竞争的；

(4) 制造或散布有损其他旅游企业形象和信誉的虚假信息等。

行业链接3-2：假冒哈尔滨某旅行社，导致克罗地亚旅游浙江游客"失踪"

2003年11月24日，34名浙江人以旅游为名抵达克罗地亚，其签证有效期至2003年12月1日。克罗地亚时间12月2日上午（北京时间12月2日下午），当地旅行社准备接这批游客乘飞机返回上海时，发现他们集体失踪。据克罗地亚当地警方调查，失踪者年龄在20岁至30岁之间，大部分为浙江人，代理出境游业务的是哈尔滨某旅行社。这批集体失踪的游客是自2000年我国与克罗地亚签署《两国政府旅游合作协议》以来的第一批正式游客。失踪游客是从北京出境，护照都是由当地有关部门发放的，而34名游客于

10月办理出境手续时所出具的组团社公章、出境章以及送签卡都是哈尔滨某旅行社的。该社总经理得知此事后非常意外,因为目前该社并未开通克罗地亚的旅游业务。近年浙江、福建等地游客以旅游名义出境后"黑"在国外的事时有发生,以至于目前德国、法国等国驻华使馆对浙江、福建旅行社所办理的当地游客出境签证审查十分严格。此次大批浙江、福建人之所以在克罗地亚"蒸发",主要因为克罗地亚是条旅游新线,而克罗地亚政府为了吸引中国游客又放宽了出境签证的条件,给34名游客滞留国外以可乘之机。

业内人士分析,造成"黑客"屡屡得逞的原因,主要是目前旅游市场"黑社"泛滥。业内人士估计,哈尔滨市近年从各种渠道出境累计在国外的"黑客"约有2万多人。"黑客"滞留的国家以韩国、日本为主,另外一些游客抵达俄罗斯,则是为了再转道其他国家。

去克罗地亚旅游的34名游客失踪绝不是孤立无援的事件,因为所有出境游客的签证,必须要由旅行社出面才能到出境目的地的驻华大使馆办理。很明显这是一起有组织和有预谋的典型"黑客"偷渡案。

2001年时外地旅游企业以每年约2万元的价格"挂靠"哈尔滨市旅游企业还属于"黑社",但如今此类挂靠已被纳入正规行列,而其所挂靠的哈尔滨市旅行社对挂靠的外地旅游企业的经营情况并不过问,实行所谓的"一社两制"。此外,前一时期来自浙江、福建等地的"黑社"人员纷纷以应聘者的名义进驻哈尔滨市各旅行社,并肆无忌惮地自行组团。

目前出境游组团社收取参与出境游游客的保证金每人为8~10万元,游客一旦"黑"在国外,"黑社"便会席卷游客的保金一走了之。(资料来源于东北网:http://www.17u.net/news/newsinfo_4751.html)

3. 对旅游者提供真实信息,尽到告知义务

旅游企业为旅游者提供的服务信息必须准确、真实、可靠,不得以虚假信息欺骗消费者。根据2009年出台的全国统一旅游合同范本的要求,旅游企业所做广告用语必须准确清晰,不应出现"准×星级"、"豪华"、"优秀导游服务"、"仅供参考"、"以××为准"、"与××同级"等模糊、不确定性用语误导旅游者。

案例3-1:2007年7月11日,桂林某国际旅行社有限责任公司及其委派导游员小王对其服务的内容、标准等作虚假的、引人误解的宣传,并与全陪串通,欺骗误导客人消费,将与游客约定的"漓江精华游"(磨盘山—阳朔,旅行社及导游对客人宣称为"漓江游览",210元/人)更换为私自冠名的"漓江精华段游览"(兴坪—渔村—兴坪),即在兴坪码头组织山东济宁33名客

人乘坐非漓江游览船只在非漓江游览航线游览漓江(30元/人),外加"遇龙河休闲竹筏游"(20元/人)、"大榕树月亮山景区"(10元/人)、"阳朔风味餐"(20元/人)(另外全陪导游提取8元/人),从中非法获利3826元。

分析:旅行社和导游的所为,无非是为了经济目的,归根结底是目前旅行社以低价竞争市场造成的。许多旅行社以低于成本价、甚至亏损的价格拉客,然后在接待中通过降低吃住标准、置换低价景点、增加景点和购物点挣佣金即回扣的手段来弥补亏空及赚钱。而这样的后果是直接损害了游客利益,损害了桂林的旅游形象。(资料来源于腾讯网:http://news.QQ.com,2007年07月30日)

4. 按合同约定提供服务,不得擅自降低服务档次和标准

旅游企业为旅游者提供服务,必须与旅游者签订合同,以旅行社为例,其与旅游者签订的合同中应真实注明该旅游项目所包含的景点门票及住宿、餐饮、交通标准、导游服务等相关内容。自选项目应安排在自由活动时间,并不得影响旅游整体行程。旅行社不得强制旅游者参加其安排的自选项目。旅游企业必须按合同约定提供服务,不得随意降低服务档次和标准,否则应承担违约责任。

案例3-2:2009年6月20日,柯先生参加了"五彩之旅"九寨沟、黄龙、峨眉、乐山双飞七日游,8人独立成团。20日晚21:00左右到达成都双流机场,地陪社来接他们的车是九人座(包括司机座位)金杯面包车,连两个加座,几乎无法放下八位游客的行李,坐在座位上要自己抱着自己的行李,并说此车负责他们全部行程,因此他们必须忍受进九寨沟十个小时的长途颠簸。

途中他们还临时接到通知,必须和刚从九寨沟返回的一批游客拼团,因此需要改变行程先去乐山、峨眉山,出于更好的旅行,柯先生他们配合了。可是,游完乐山、峨眉后,他们8人再次被拼团,与另外四批散客共37人,同组一团前往九寨沟。由此团队的名称也被改变为"羌藏之旅",因此留下了隐患。另外,他们的行程合同上写的为"正餐自理",但导游在途中有三次将用餐点定在路边孤零零一家饭店,前后均无其他饭店,迫使他们只能在导游订的地点用餐。

分析:此案例中旅行社及导游的行为属于"拼团"陷阱。一些小旅行社由于人数不够,一般会通过拼团的方式来组团,但拼团往往会影响行程中的服务质量。另外,正规旅行社会选择两年左右车龄的地面交通工具,并保证一定的空座率,以保证游客乘坐舒适。(资料来源于《北京青年报》,2010年03月12日)

5. 服务过程中应保障旅游者人身、财产安全

旅游企业在旅游活动过程中对可能危及旅游者人身、财产安全的事项，应当向旅游者作出真实的说明和明确的警示，并采取相应的措施防止危害发生。

案例3-3：2003年4月18日，62岁的江苏镇江市民马女士参加当地一家旅行社组织的"苏州二日游"旅游团出游。不料途中在旅行社指定的一家"中途岛"饭店用餐时，因地上太滑导致马女士跌地受伤，住院治疗期间共花去了医药费3403元。事后，马女士要求旅行社赔偿医药费。旅行社虽然对马女士摔伤的事实不予否认，但认为当时去餐厅用餐时，导游已发现地上比较滑，并向包括马女士在内的所有游客作过提醒，导游告知路滑后，马女士应自己尽注意义务，马女士滑倒摔伤，是因其未注意才发生的，因此，旅行社没有过错，不应承担赔偿责任。

分析：马女士参加旅行社组织的"苏州二日游"，并交付了旅游费用，旅行社与马女士形成了旅游服务合同关系。旅行社负有保障旅游者人身安全的义务。旅行社在其提供的旅游服务过程中，服务条件存在瑕疵，导致游客人身损害，违反了合同义务，应承担违反合同的责任，故应全额赔偿马女士的损失。（资料来源于法律快车网：http://www.lawtime.cn/）

6. 提供的服务不应损害国家的利益和形象

旅游企业不得向旅游者介绍和提供含有损害国家利益和民族尊严、含有民族、种族、宗教、性别歧视及含有淫秽、迷信或赌博等内容的旅游项目。

案例3-4：2006年12月28日—2007年1月1日，王某等19个人，参加了中山市某旅行社组织的5天泰国游（澳门往返）。团费每人1888元。到了泰国的芭提雅时，旅游团增加了一些自费项目，其中有三四个项目都是看色情表演。据该旅游团成员称，在芭提雅的几天里，导游们几乎天天晚上都带我们看色情表演。项目中有成人气功、"三合一龙凤秀"、美军俱乐部等等，台上的表演者几乎没穿衣服，都是动作下流、低级、残忍的表演。演出场地乌烟瘴气，而且带旅游团去看表演的当地导游，当时还收走旅游团成员的相机、手机。

分析：国家旅游局2003年9月发布《关于加强中国公民出境旅游市场管理的通知》，重申"六不准"，包括不准超计划购物、不准强迫推销自费项目和不准诱导游客涉足不健康的娱乐场所等。此案例中"泰国游"线路中的泰国导游的讲解全程充满了"黄色"基调，并极力向游客推荐色情表演节目，严重违反了国家旅游局出境游"六不准"中的规定："不准组织或诱导旅游者涉足

色情场所。"(资料来源于腾讯网:http://news.QQ.com,2007年07月10日)

(三)旅游企业的社会责任

1.社会责任与旅游企业社会责任

随着全球经济的迅猛发展,越来越多的企业认识到利润不是企业追求的唯一目标。企业的经营是一种人类行为,企业与道德之间存在着深刻的关系。企业在社会中生存发展,其中经营者、消费者、管理者的伦理道德行为都对企业的发展产生直接的影响。伦理道德是企业经营活动的润滑剂。而企业的伦理道德的核心问题就是企业的社会责任。2008年9月27日,在天津夏季达沃斯论坛年会的开幕式上,温家宝总理说:"希望每个企业家、每个企业,在他们的身上都流着道德的血液。生产经营与道德的结合才能使一个企业成为社会所需要的企业。"的确,一个企业能否承担社会责任成为衡量其行为的重要标准。

关于企业的社会责任的问题,在中西方传统的伦理思想中均有体现。东方传统的义利思想是以孔孟的儒家思想为代表的。儒家学派的创始人、中国历史上影响最大的思想家和教育家——孔子,在德性主义经济论思想上具有重要的影响。在《论语·里仁》篇中多处提及了关于"利"的问题,分析了公利与私利,以及如何获利的问题。孔子的经济伦理思想是以"义利之辨"为基础,以"富国安民"为中心,这与我们所说的企业社会责任是一致的,但他强调道德价值是第一性,道德是目的,经济是手段,是一种经济的道德本质论。西方的责任伦理思想从开始到现在,一直追求客观、普遍的道德理性的思想。第一个使用"责任"的芝诺认为,责任是人自身与自然的安排相一致的行为,有责任的行为是理性指导人们去做的行为,而不负责任的行为是为理性所贬斥的行为。

亚当·斯密的伦理思想认为,人性的同情和自私是人类的两种本性。他在著作中阐述了"道德人"行为的利他性和"经济人"行为的利己性。"经济人"在追求利益最大化的同时,客观上促进了社会利益和社会繁荣;而"道德人"则是表现为对人的自私情感的合理控制,注重他人的感受和需要,作出利己不损人或直接有益于他人或社会的行为。

通过分析中西方的企业伦理思想,我们可以这样理解企业社会责任的定义,所谓企业社会责任,就是企业在通过经营活动实现利益最大化的同时,对消费者、企业员工、竞争者、社会公众等利益相关者承担的经济、法律、伦理责任。

旅游企业作为特殊的服务行业,为了自身的长远发展,更应该承担相应的社会责任,改善旅游行业的形象。旅游企业的社会责任是指旅行社、旅游饭店、旅游景区景点等企业在经营过程中,对旅游者、企业员工、竞争者、政府和社会公众承担的经济、法律、伦理及环境保护等方面的责任。

2.旅游企业社会责任的主要内容

(1)旅游企业对直接利益相关者的社会责任

① 旅游企业对旅游者的社会责任

旅游作为一种社会现象,从属于少数人的特权发展到如今的大众化旅游,旅游的内涵已经发生了变化。在现代人的眼中,旅游并非是一种简单的参观旅游景点,参与旅游项目从而完成旅游行程的活动,在更大的程度上,它是人们摆脱惯常环境,对异地文化、风土人情、经济社会发展的一次全方位体验,从这种意义上来说,旅游已成为了人们的一种生活方式。那么,对于与旅游者全过程接触的旅游核心企业——旅行社来说,依靠欺客宰客、压缩行程、走马观花似的旅游方式显然满足不了旅游者的需要。旅行社要想真正实现在市场经济中的长足发展,如何提高旅游者的体验质量,提升旅游者的生活品味,使之向一种更先进、更健康文明的生活方式靠近,应该成为旅行社为旅游者必须承担起的主要责任。

② 旅游企业对员工和股东的社会责任

旅游企业应该为员工创造良好的工作环境和标准合理的福利待遇。由于服务行业的特殊性,导致旅游行业的员工工作压力大、工作时间长,因此从业人员工作积极性不高,直接导致旅游职业道德的低下,游客对从业人员的投诉屡屡发生。此外,旅游企业拖欠或压低员工工资,有的甚至不给导游工资,以及企业不顾员工的安全和健康,招聘中存在歧视等都是较为常见的旅游企业责任缺失行为,也是社会和公众关注的问题。作为企业,在扮演道德人角色的过程中,一方面,应该将自己企业的员工看做企业发展的利益相关者,在企业管理中注入更多体现人的价值和尊严的人性化制度设计和伦理关怀;另一方面,旅游企业对员工职业道德的培养和教育也引起了广泛的关注。旅游从业人员的职业道德直接关系到旅游行业的经营管理水平和旅游行业品质的提升。一直以来我国的旅游行业从业人员的职业道德和伦理素养水平较低,问题的根源就在于企业伦理教育的缺失。

③ 旅游企业对合作伙伴的社会责任

旅游企业与合作企业之间应该以诚相待,避免不正当竞争、拖欠团款、不诚信守约等违背商业道德的行为。伴随着旅游业的发展,旅游业竞争日益激烈,这在旅行社业和旅游交通上表现得比较明显。为了使企业获得更多的经济效益,旅游企业间除了正当竞争外,不公平的竞争行为也比比皆是。以旅行社业为例,为了争夺旅游者,展开价格竞争,用零团费、负团费吸引游客,再用低服务质量获取利润。旅游交通方面,一些公司企业为了争取客源,不惜采用暴力行为,等等。这些问题的存在,都是部分旅游企业缺少商业道德,对其竞争者和合作企业社会责任缺失的表现。旅游市场的竞争虽然是残酷的,但也是有规则的,旅游企业如果随意破坏市场竞争规则,损害他人利益,可能会获得一时的利益,但是会失去合作伙伴,事实证明,孤立的个体是不可能在竞争中获得成功的。旅游企业与合作伙伴应该在互利、共赢的基础上促合作、谋发展,既考虑自身的利益,又要考虑合作伙伴的利益,确保双方互惠共赢。

④旅游企业对社会和国家的责任

旅游者和当地社区的关系直接关系到当地旅游业的发展程度,当地社区居民的好客度甚至可以成为当地旅游资源吸引力的一项重要评分标准。如果当地居民对旅游持反对态度,对旅游者持不友好的态度,那么当地的旅游业则很难顺利的发展,其他组团社和当地接待社也难以从旅游业中牟利。因此,旅行社还必须注意承担对当地社区的责任,可以通过提前告知游客当地风俗、礼仪、文化、禁忌并提醒旅游者注意当地环境保护等,帮助旅游者和当地居民建立友好的关系,通过旅游的发展带动当地经济的发展和居民生活水平的提高。比如,有一些旅行社在行前会召集游客开会,讲明行程中的注意事项,比如哪些酒店不提供一次性用品,哪些地方有付小费的习惯,哪些景区不能吸烟,哪些公共纪律必须遵守等。把这种"行前说明会"作为旅游行业的一种好习惯推广,很有必要。此外,我国旅游企业对国家履行的社会责任主要表现在出境游及入境游的接待中。在出境游中,旅游企业及旅游者作为整个国家形象的代表,一举一动都关乎着国民的素质和国际形象。因此,旅游企业必须严格遵守我国的法律法规,维护国家的形象、保障国家的利益。

(2)旅游企业对间接利益相关者的社会责任

① 旅游企业对社会发展的社会责任

旅游企业与所在地的社会发展有着密切的联系,企业作为社会的一员,应该承担起促进当地社会发展的责任,不能违法违规经营,不应拒绝参加社会公益活动。所在地为旅游企业提供其发展所需的条件,旅游企业也应该为所在地的发展尽一份社会责任,包括投资公益、教育培训以及保护当地环境等,通过改善和提高所在地的环境,为自身的发展创造良好的条件和氛围。旅游对经济环境的有利影响是最为显著的,旅游业和其他产业相比,是一个投资少、见效快、无污染(相对污染工业而言)的产业,同时,旅游业还能带动其他产业的发展,这就使旅游业对于该地区国民经济收入具有重大的意义。此外,发展旅游业,还能增加当地的就业机会,使更多的人有业可从,解决了社会中就业的一大难题,降低社会治安事件的发生频率。同时,各地游客的进入,增加了当地居民和外地人的接触和交往,促进了相互间的文化交流,扩大了视野,提高了文化素养。

② 旅游企业对保护环境的社会责任

旅游业的发展得益于环境,取决于环境,良好的生态环境为旅游业的发展奠定了宝贵的基础。旅游业一直被认为是朝阳产业、无烟工业,但是近年来旅游业发展的事实改变了人们原有的观念,红火的旅游业给我国的山川河流、森林草原造成了极大的破坏。以旅游资源开发为例,许多旅游景区都走了盲目开发的路,以至于把好端端的风景名胜给破坏了。旅游从本质上来说,应该是作为旅游者的人与自然、与历史的亲近融合。因此旅游企业对旅游资源的开发,不论是对原有景点进行深层挖掘,还是开发新的旅游景点,都必须体现人与自然、人与历史的融洽关系,自觉承担保护环境的责任。这样,才不会为了眼前利益牺牲长远利益,才能保证旅游业的发展后劲,实现旅游业的可持续发展。

3. 旅游企业履行社会责任的意义

(1) 履行社会责任是企业的长远目标,顺应了时代发展的趋势

管理学家德鲁克认为:企业占有大量的资源,对社会影响很大,因此企业必须把履行社会责任作为企业一项长远的目标,不仅只看重利润目标,还要把利润获取建立在良好履行社会责任的基础上。旅游企业履行社会责任,有利于改善目前我国旅游市场混乱的现状,促进旅游市场的和谐繁荣,促进社会的和谐发展。

(2) 履行社会责任有助于树立企业的社会形象,创造良好的外部环境

旅游企业履行社会责任可以提高企业的信誉,树立良好的社会形象,通过改善企业与公众、政府、当地社会的关系,从而为旅游企业的可持续发展创造良好的外部环境;同时,良好的社会形象和工作环境可以激发员工的工作热情,提高工作效率,增强企业的凝聚力和竞争力。

(3) 履行社会责任是旅游业可持续发展的内在要求

旅游企业履行社会责任,有利于促进生态环境的保护,为旅游企业的发

展提供资源支持。以旅游酒店为例，以往的酒店消费模式在产品生产加工过程中，对原材料的浪费极大，对环境的污染和破坏也极为严重。随着绿色消费观的倡导和实行，许多酒店开始节省普通能源消耗，自觉抵制破坏环境和浪费资源的商品，选用无公害食品原料来烹制，建设环境友好型的绿色酒店。旅游企业实现循环经济对环保、节能、绿色生产的要求，能够转化为企业的竞争优势，从而推动旅游业的可持续发展。

第二节 旅游企业伦理的实践及体系构建

一、我国旅游企业伦理道德问题的表现

（一）低价恶性竞争蔚然成风

从产业经济的角度来看，旅游购物是旅游消费结构中弹性最大、最具潜力的组成部分。旅游发达国家和地区旅游购物收入可占旅游全行业总收入的40%左右，以旅游业为支柱的泰国，其旅游购物所占比例高达50%，我国香港特区号称"购物天堂"，购物更是成为香港的核心吸引力之一，而我国内地这一数据仅为20%左右，离旅游消费购物饱和甚远。我国旅游业发展的非常规性，导致旅游职业道德滞后于旅游业的飞速前进。部分旅游从业人员急功近利，以旅游购物为手段获取超额利润。受到消费者价格敏感心理的影响和价格政策带来的短期利益增长的刺激，旅游企业以价格为撒手锏，降低产品直观价格，抢占市场。过度的价格竞争导致旅游企业利润率逐年下降。于是旅游企业通过降低消费标准，减少景点项目来弥补损失。但旅游者投诉的压力迫使旅游企业不得不采取更隐蔽的方法将损失转嫁给游客，如旅行社向导游按所带旅游团人数收取人头费，从购物点索取按人头计算的联营费。其结果都是从游客的消费回扣中来弥补。

（二）旅游企业严重缺乏诚信

随着旅游企业竞争的日益激烈，企业经营中的诚信缺失问题逐渐凸显出来，旅游企业的诚信缺失主要表现在两个方面：

1. 旅游企业对旅游者的诚信缺失

旅游企业的诚信缺失损害了旅游者的消费权益，打击了旅游者再度购买旅游产品的积极性。其表现形式主要有以下几种：

（1）违反旅游合同。这是旅游投诉中的常见现象。违反旅游合同具有

多种表现形式,如任意改变旅游路线、增减景点、增加购物次数、卖团、拼团等。

(2) 降低服务标准。这在旅游旺季中常常发生。旅游企业在推销其旅游产品时,容易出现夸大其词现象。但当旅游企业向旅游者提供服务时,却与许诺不相吻合,降低了服务标准且服务态度不能让旅游者满意。

(3) 出售假冒伪劣产品。这一般发生在旅游商品市场。例如在古玩、书法、字画等商品市场上,利用假货、赝品来冒充正品;在玉器、珠宝、瓷器等商品市场上,把劣质产品伪装成优质产品。

(4) 进行价格欺诈。一般有两种形式:一是一些旅游商品零售企业高标价格,并通过夸大其词和不负责任的介绍,让旅游者在不知情的情况下高价购买;二是一些旅行社以低价促销的名义,吸引旅游者购买旅游产品,但在旅游过程中,通过增加购物次数、增加自费旅游项目来获得利润,使旅游者以豪华团的价格参加经济团。近年来,在旅游市场上出现的零团费、负团费现象就带有价格欺诈的性质。

案例3-5:旅行社低价不可信 零负团费旅游团的内幕

2009年5月,李先生参加了一个超低价的海南旅游团。在海南游玩的几天中,李先生享受到的服务大打折扣。导游在车上给他们推荐一些景点,告诉他们这些景点总共需要650元。而按照当初的合同规定,强制消费景点门票只有300元。由于这个费用远远高于当初合同规定的强制消费费用,游客们便开始与导游讲价。导游最终给出了550元的优惠价。游客觉得价格仍然高,便表示减去一些景点。没想到导游立马表示不愿意带团,走下车去。最终,双方达成协议,500元游览导游所推荐的景点。

由于自费景点增多,按照合同,原本含在两千多元团费里应该包括的一些景点却没去成,有些景点也只是"路过"。除此之外,本来全程只去3个商店,结果几乎每天都被导游带去了3个商店。

内幕:导游自曝——"负团费"全靠购物贴补

一家旅行社的导游告诉记者,报价两千多元根本就不可能完成海南5日双飞游。参观近十个景点,而且,其中有3个左右的景点是需要门票钱的,门票价格大约在200元左右。这位导游还说,一般这样的"负团费"旅游团,在旅行社列出的游览景点中,几乎都是不需要门票的,如果有几个景点需要门票,又不用游客自己另外付钱,就只有旅行社亏损,这根本就是不可能的。

事实上,"负团费"常常需要带游客进购物点消费,来贴补旅行社支出,"负团费"的团就是购物团,对游客而言,游玩的品质大打折扣。

分析：旅行社竞争将进入新时代

旅行社在发展过程中，经过了高利润时代后，竞争逐步加剧，目前，全国旅行社基本处于"微利竞争"，旅行社纷纷打起了价格战，以低价迎合了一种消费心理、微利时代的旅行社经营也引发了"零负团费"这种不健康的竞争模式。随着社会的发展，竞争的加剧，旅行社的产业链延长、规模经营势在必行。而那些"小、散、弱"的旅行社，在激烈的竞争中将失去立足之地。那些表面讨巧的竞争方式，如"零负团费"等竞争方式将会没有生存空间。（资料来源于同程旅游网：http://www.17u.com）

2. 旅游企业间的诚信缺失

旅游企业之间的诚信缺失主要有以下三种表现形式：

（1）违约。违约现象在旅游旺季时经常出现。作为供应方的旅游企业既没有按事先约定的数量和质量向购买方提供产品或劳务，也没有采取任何积极有效的措施来弥补，导致购买方的利益受损。违约行为造成旅游企业之间的合作效率下降，合作成本增加，阻碍旅游企业之间开展多种多样的合作活动。

（2）拖欠款。旅行社之间拖欠款现象比较严重，作为购买方的旅游企业不付款给供应方，拖欠应付账款，导致有些地接社以扣押游客为人质的形式，逼迫组团社支付账款。拖欠款现象使一些旅行社只能采用最原始的现金销售结算方式，增加了企业之间的交易成本，降低了交易效率。

（3）不正当竞争。一些不法旅游企业采用价格竞争，以贿赂手段拉拢导游，制造和散布有损于其他旅游企业形象和商业信誉的虚假信息，冒用知名旅游企业的名称、品牌等不正当竞争的手段，使规范经营的旅游企业利益受损，商业信誉被诋毁。

（三）从业人员素质良莠不齐

旅游业是旅游从业人员为旅游者提供服务的特殊行业。旅游从业人员的职业道德直接关乎旅游者的合法权益，是旅游业可持续健康发展的重要条件。然而，随着旅游业的蓬勃发展，我国的旅游从业人员出现了严重的职业道德问题，旅游投诉连年增多，这种情况严重影响了我国旅游业的健康发展。究其原因，主要是由于从业人员的文化和职业素质参差不齐。以哈尔滨市为例，截至2008年底，哈尔滨市已有旅行社203家；全市旅游直接从业人员10万余人，专业导游7986人。旅游职业教育培训正朝着规范化、制度化的方向发展。但面对冰雪旅游的快速发展，哈尔滨市旅游人才总量不足，

结构不合理,整体素质偏低的矛盾日益显现。主要表现在两个方面:

1. 旅游从业人员结构不合理,文化素质普遍较低。据抽样调查统计,从导游队伍的学历结构看,哈尔滨市导游队伍的学历不高,导游队伍中高中、中专学历者占11.72%,大专学历者占47.05%,本科以上学历者占41.23%(见表1)。同时,导游队伍中,初级导游占有比率较高,中高级导游比率极少,这些都严重影响了旅游企业的竞争力和旅游服务质量的提高。

表1 哈尔滨市导游人员学历结构表

学历层次	人数	百分比%
高中、职高、中专	426	11.72%
大专	1710	47.05%
学士	1468	40.39%
硕士	30	0.84%

2. 旅游行业地位偏下,从业人员职业素质较低。旅游业属于服务行业,一直以来都得不到社会和大多数人的认可,这就使得许多人不愿意把导游或酒店工作当做自己终身从事的职业,当一天和尚撞一天钟,一旦有好的工作马上跳槽,这种现象使得旅游企业和从业人员都忽视职业道德的培养。目前我国旅游从业人员的职业道德问题主要体现在两个方面:一是导游人员私拿回扣损害游客利益;二是饭店服务人员态度差,不信守约定等。

(四)浪费旅游资源,破坏生态环境

近年来,随着全国大力倡导发展旅游业,以多元化为特色的旅游业发展得有声有色,为我国的经济增长,产业多元化作出了积极贡献。但在旅游业发展过程中也出现了由于环保意识薄弱,对旅游区生态环境造成破坏的现象,破坏了人与自然的和谐,也与营造生态文明的理念相悖。

浪费旅游资源主要表现在四个方面:

1. 旅游景区环境污染。旅游景区内基础设施落后,无污水、垃圾处理设施,污水直接排放,垃圾胡乱丢弃,造成环境污染。游客在景区游览后随手丢弃矿泉水瓶、塑料袋等,不易降解垃圾没有得到及时清理。

2. 建设旅游设施时不注意保护生态环境。在生态保护区内修建公路、宾馆酒店等基础设施时,对保护生态环境考虑不足,对植被、水土保持等造成一定的破坏。

3. 旅游业危及生物物种保护。少数游客和旅游经营业主环保意识不强,非法捕食珍稀动物,破坏物种保护。

4. 旅游旺季部分景区接待超负荷。由于旅游投资不足,设施建设滞后,加之生态环境承载能力不足,造成部分景区接待能力很有限、影响力不强。

二、旅游企业伦理的实践及体系构建

目前我国学者对旅游企业伦理的研究还处于探索当中,根据学者屈颖、赵秉琨的观点,结合我国旅游企业的伦理实践活动,本书认为构建完整合理的旅游企业伦理体系应包括以下几个方面:

(一)勇于承担社会责任,促进企业全面发展

旅游业作为一种以为旅游者提供服务而获取报酬的产业,利益最大化一直是旅游企业所追求的目标。然而,旅游企业不仅仅是纯经济性的,只创造利润,还应该承担一定的社会责任,社会责任是旅游企业伦理的核心。在市场经济体制下,加强旅游企业的经济伦理教育,应通过社会经济伦理协调和经济行为自律,通过政府和市场的引导等渠道培养企业与旅游经济相适应的社会经济伦理,通过"看不见的手"统一和协调义与利的关系,从而使旅游利益相关者能够突破利益的羁绊,主动承担文化发展、环境保护和伦理教育的责任,处理好旅游业经济效益和社会效益的关系。坚持"君子爱财,取之有道",建立旅游企业之间良好的合作基础,防止旅游活动过程中不良的经济秩序。旅游经营者在关心资本收益率最大化的同时,还必须不破坏环境,保护旅游资源,树立在社会公众中的良好形象。旅游企业生产的产品或服务应满足社会的需要,有利于社会的全面进步和发展,由此才能实现自己的生存和发展,才能被社会承认,否则,将失去其存在的价值。同时,由于税收是政府向社会提供服务的物质保证、向旅游者提供安全的产品、服务及员工最低劳动条件的保证,因此旅游企业必须依法纳税。

(二)建立"以人为本"的企业伦理价值观

在现代旅游企业的发展中,人的因素发挥着越来越重要的作用,"以人为本"已经成为现代旅游企业伦理价值观的核心内容。

1. 在旅游企业内部的经营管理中充分尊重员工,依靠员工,满足员工。尊重员工是企业管理工作的前提和出发点,尤其是服务行业的员工,只有得到企业和社会的尊重和认可,才能更好地激发对本职工作的热爱,提高工作的积极性,最终实现旅游企业、旅游者、从业人员的"三赢"。依靠员工是旅游企业实现经济效益和社会效益的重要途径。旅游产品的特殊性决定了旅游从业人员的重要性,由于旅游产品是由员工在为旅游者提供服务的过程中产生的,因此,人是旅游企业经营活动的主体,是一切资源中最重要的资

源。旅游企业必须树立依靠人的经营理念,才能实现企业的长远目标。满足员工是旅游企业实现全面发展的最终目的。现代旅游企业的德性就在于是否能为员工提供全面发展的机会。旅游企业在创造物质财富的同时一定要兼顾到精神财富的创造,在追求最大利润的同时尽可能的发挥人的聪明才智,使旅游企业中的员工得到全面的发展。

2. 在旅游企业外部的经营活动中,"以人为本"的企业伦理观的基本要求是充分满足和服务于旅游者。旅游企业作为一个赢利的经济组织,其利益的根本来源是市场上的旅游者。由于旅游产品的特殊性,旅游者往往直接参与到旅游产品的生产过程,这就使得旅游企业对产品的质量难以把握,因此对旅游企业的要求也就越高。同时,旅游者对旅游产品和服务行为的敏感度较高,而他们对旅游产品的满意度决定着旅游企业的经济效益和社会效益。因此,旅游企业的经营活动必须以旅游者的需求为核心,全心全意为旅游者服务,关注并满足旅游者正当、合理的需求,充分遵循旅游者至上的伦理道德原则。

(三)诚实守信,遵守经营道德,合法参与竞争

注重诚信是中国传统伦理观念中的重要原则,同时也是现代市场经济重要的道德支撑。鉴于旅游行业的诚信缺失现状,加强诚信建设已经成为我国旅游企业亟须解决的关键问题。

1. 加强旅游企业内部诚信建设。针对旅游行业欺客骗客行为的发生,旅游企业要加强内部管理,对员工进行职业道德的培训教育,使其树立正确的人生观、价值观,引导员工养成良好的职业素质,爱岗敬业,提高企业整体伦理水平。

旅游企业可以通过课堂讲授、案例分析、典型示范等方法对员工进行伦理教育,以提高员工对企业伦理的认识,并自觉地履行伦理规范。

2. 对外杜绝恶性竞争,规范管理,提高企业经济效益。随着大众化旅游时代的到来,我国的旅游业市场也越来越规范和成熟。旅游企业只有真正考虑旅游者的利益,注重信誉,合法参与竞争,加强与其他旅游企业的合作伙伴关系,才能实现企业的长远利益。

联想控股有限公司总裁柳传志说过:"诚信是当今中国企业界的稀缺资源。"联想由于讲诚信,目前坏账率不到万分之五,旅游企业要想做大做强,在旅游市场上占有一席之地,就必须坚持不懈地遵守诚信。诚信经营是企业文化的重要内涵,它体现在旅游企业经营的方方面面,是协调旅游企业内

部管理和外部经营的重要准则。诚信经营同时还是旅游企业的一项重要的无形资产,它可以提升企业品牌的竞争力,提高企业的经济效益和社会效益。

(四)构建企业文化,加强员工的职业伦理教育

旅游企业文化的建设,是旅游企业伦理体系构建的核心内容。通过企业文化的建设影响和培育企业领导及员工的经营管理理念和职业素质。旅游企业的文化是其价值观在经营管理中的体现,它往往决定着一个企业经营发展的方向。因此,旅游企业必须建立一种和谐发展的企业伦理价值观。和谐的企业文化体现在旅游企业经营管理的方方面面。具体来说,和谐的企业文化应该体现在旅游企业的发展目标与企业文化之间的相互影响和促进;旅游企业与旅游者之间的和谐相处;旅游企业与旅游资源和生态环境之间的和谐相处;旅游企业内部员工之间、员工与领导之间、员工与企业之间的和谐相处;旅游企业与同行及竞争者之间的和谐相处等。

企业文化是企业经营管理的灵魂,采用的是一种无形的管理方式,但这种无形的管理方式运用得当所发挥出来的凝聚作用是不可估量的。以旅行社为例,旅行社作为一种特殊企业,向社会提供的是非物质形式的服务型产品,这就要求旅行社建立企业文化时必须结合所提供产品的特点,形成具有独特内容、体现行业特色的服务经营型企业文化。如,长春天马国旅的企业文化是"天马用心、顾客舒心、员工开心",体现了服务意识、经营意识和协作意识。

旅游企业文化建设的途径之一是加强企业领导及员工的职业伦理教育,强化员工的伦理意识、培养企业管理者的伦理精神。

第三节 诚实守信是旅游企业的社会责任

旅游本来是一件愉悦身心的好事,但还是有人觉得是花钱买气受或是花钱买罪受,甚至愤而投诉。可以说,投诉是包括游客、旅行社、管理部门各方都不愿见到的事,但它又确确实实存在着,成了旅游事业的一道阴影。通过分析以下几个典型的旅游投诉案例,来了解时下旅游行业中存在的诚信缺失问题。

案例3-6:出国旅游切记签合同。

2008年7月,陈某等31人参加温州一旅行社赴欧洲六国十五日浪漫之旅。据该团游客之一的陈先生透露,报名后,按照旅行社的要求,31名游客

先后递交了办理出国签证的多种材料和押金。因为是第一次出国旅游,31位市民均对出境游付费和签合同流程并不清楚,因此当该旅行社提出,在报名后立即支付17500元/人的旅游费用时,31位团友便相约交付,共交56万元,但未与旅行社签订书面旅游合同。直到出团当天,31人到温州机场集中时,才被旅行社告之,因操作失误导致该团被比利时大使馆拒签,欧洲之行不能准时出行。于是双方引发争议,游客方认为旅行社出现违约,要求进行赔偿,但由于双方事先未能签订合同,赔偿金额一直未能定下。

分析:外出旅游,纠纷在所难免,特别是出境旅游,时常会出现一些拒签情况,因此游客在参团出游前,一定要与旅行社签订书面合同。万一在旅游过程中出现质量纠纷,合同既是证据,又是旅游行政部门、消协和法律机关裁决的依据。对此,旅游质量监督管理所还提醒游客,拿到合同后一定要仔细阅读条款,发现对自己不利的或模棱两可的语句一定要修改,而对于一些极易出现的违约情况一定要达成书面文字协议。同时,签合同时要留意各构件是否齐全,合同上有无加盖公章及经办人的签名(真实姓名)。行程表应包括旅行社提供的服务内容及标准,若发生旅游纠纷,它是有力的证据之一,可直接向旅游主管部门投诉。交付费用后,则需要索要正式发票。

案例3-7:游客易被"准X星"忽悠

喻先生与温州市洞头某旅行社签订了"洞头二日游"合同,行程中包括在洞头入住准二星级酒店,喻先生感觉入住标准不错,一行人满心欢喜来到洞头,却发现准二星酒店却变成了小而乱的农舍。导游慢条斯理地解释:"这家酒店虽还没有正式挂二星,但其服务及硬件设施基本达到了二星级标准,是准二星级酒店。"深感受骗的喻先生一气之下,将旅行社投诉至市旅游质监所。事后,经核实,该酒店的确不属于"星级饭店",最终该旅行社退赔游客房费100元。

分析:住宿"准X星"级酒店或同级这种说法充满变数,偷梁换柱的事时有发生。最常见就是一个"准"字,所谓的"准X星",按行话解释起来就是按照X星级标准设计装修,但还没有评到X星级酒店。据了解,目前国家有关部门对旅游饭店星级等级的划分只有"一星"至"白金五星",其实并没有"同级"或"准X星"这种标准,如果旅行社在行程对住宿条件标明"准X星"或者"同级",极有可能是用一些接待条件差的酒店来充当星级酒店,误导游客。对此,旅游质量监督管理所提醒游客,要小心识别以"准X星"或"同级"宣传而实际无星的饭店。

案例3-8：低价引诱，小心掉入"陷阱"

小陆携妻欲参加某旅行社组织的泰国8日游，谁知一询问报价仅2680元，当时旅行社还告知这其中包括温州至广州、香港到泰国往返共四趟飞机，住三星级以上酒店，每日吃自助餐。一听这信息，小陆当时就在心里计算了一下，光四张往返机票加酒店食宿，恐怕就远不止报价了，难道旅游社不赚钱还要"倒贴"吗？事后，小陆从一位导游朋友中获悉，其实根本没有这种好事，像泰国团不少是零团费，即组团社不付钱给境外接待社，当地旅行社接团后，由各位导游竞价，哪个导游返还的"好处"多，旅行社就把团队交给那位导游，导游再在旅游途中减少景点，强迫购物，以增加收入。

分析：目前有些国内游、出国游的团费令人难以置信的低廉，游客往往怦然心动，却不知有可能掉入低价的陷阱。如"零团费"、"负团费"的价格明显低于成本价，其结果必然是以降低旅游质量和吃、住标准，缩短旅游行程，增加购物时间和次数，增加自费项目来弥补。对此，旅游质量监督管理所提醒游客，不以价格高低作为选择旅行社的首要条件。消费者要跳出只求价格低、不顾服务质量的误区，从多角度来衡量旅行社的优劣。构成旅游价格不同的因素很多，交通工具、住宿饭店等级、餐饮标准、导游等级、行程路线的不同，都会影响旅游价格，千万不要贪图价格便宜而选择难有服务质量保障的旅行社。

思考题：
1. 旅游企业伦理的含义是什么？
2. 结合实际谈谈旅游企业伦理建设的重要性。
3. 旅游企业的权利和义务是什么？
4. 旅游企业应该承担的社会责任有哪些？
5. 结合实际论述如何构建完整的旅游企业伦理体系。

第四章　旅游市场的伦理规范

旅游市场的蓬勃发展，一方面促进了经济繁荣，推动了社会生产力的发展，另一方面也产生一定的负面效应，出现了道德失范与混乱。因此，伦理道德是旅游市场存在和发展的重要因素。伦理道德一方面为旅游市场的存在和发展提供了精神动力和道德支撑，另一方面也为旅游市场价值观的形成与确立提供了伦理学基础。旅游市场伦理作为经济伦理的一种表现形式，它所规范的对象主要是市场的供给者——旅游经营者。旅游市场的基础是旅游经营者和消费者之间的交换关系，是人们在旅游产品的生产和交换活动中产生的伦理观念，这种伦理观念反过来影响和制约着旅游市场的发展。

旅游市场关系是旅游市场主体之间的一种利益交换关系，既具有利己性，又具有利他性，是利己和利他的统一。这种利己性和利他性体现在旅游市场的生产、交换和消费等过程。本章通过论述旅游市场运行过程中产生的一些伦理问题，对旅游经营者和消费者、旅游企业之间、旅游企业与社会之间的伦理关系及旅游市场的伦理建设进行思考。

第一节　旅游市场中的伦理关系

一、旅游经营者与消费者之间的伦理关系

旅游企业和旅游者作为旅游市场的主体，在满足各自需求和利益的同时，还应遵守一定的伦理道德规范。伦理作为一种社会意识形态，要求人们按照其原则规范自己的行为，从而促进人的全面发展和进步。

旅游经营者和消费者之间应当保持一种相互尊重、相互理解、诚实守信

的伦理关系。

1. 旅游经营者和消费者之间应该相互尊重,相互理解

旅游经营者和旅游者之间的关系不应该仅仅是权利与义务的关系,旅游经营者在为旅游者提供服务的同时应该尊重旅游者的意志。旅游经营者不应该以夸张、虚假的信息来欺骗消费者。旅游经营者还应该尊重旅游者的人格与权利,对旅游者负责,如旅行社不应以超低价的旅游产品来吸引旅游者,不应该为旅游者提供危害身心健康的旅游产品等。真诚公道,信誉第一是旅游经营者的主要道德规范,也是正确处理经营者和旅游者之间实际利益关系的一项行为准则。在旅游活动中,真诚就是真实诚恳,讲究信用,信守诺言和合同,不弄虚作假,不欺骗或为难旅游者,公道就是公平公理,买卖公道,价格合理,赚取合理合法的利润,既不能"宰"旅游者,也不能让旅游企业吃亏。信誉是企业的生命,对服务性强、流动性大、消费水平较高的旅游业来说尤其如此,"诚招天下客,誉从信中来",作为旅游业的从业人员,只有真诚公道地对待每一位旅游者,向他们提供优质服务,才能树立良好的信誉形象,最终取得良好的经济效益。旅游者也应该尊重经营者的人格和劳动,把经营者当做平等的主体来对待,不侮辱经营者,理解和尊重经营者,不提出无理的、苛刻的要求,不故意为难经营者。尊重经营者的人格和劳动,是对消费者最基本的道德要求。

2. 旅游经营者对消费者应该诚实守信

旅游活动是在旅游经营者和旅游者的关系中进行的。双方能否建立和谐的关系,取决于彼此能否建立一种诚实守信的关系。诚实守信是中华民族优良的传统,在旅游市场活动中这种传统更显得尤为珍贵。诚信是社会主义市场经济的道德本质。旅游市场的信用危机,已成为制约旅游业发展的一大"瓶颈"。而要从根本上解决问题,除了目前继续加大旅游环境整治力度之外,重要的是要建立以旅游信用体系建设为主要内容的长效机制。加快旅游诚信体系的建设,首先应该加强信用道德、信用知识的宣传教育,增强旅游者和旅游从业人员的信用意识。信用制度和信用体系的建设,很大程度上依靠市场主体的信任和诚实的理念来维系。这就要求人人懂信用,人人讲信用,使讲诚信成为旅游市场中的一种基本公德。要做到这一点,就必须强化全行业信用意识,加强企业道德规范教育,树立诚信为本、操守为重的良好风尚。发挥道德在建立信用体系方面的作用,倡导诚实守信观念,使各级旅游企业都要遵守商业道德,守法经营,增强全行业的信用意识,形成强烈的"讲诚信,反虚假"的社会氛围,使"以真诚赢得信誉,用信誉保证效

益"成为每一个旅游企业的自觉行动,从而在旅游经营者和消费者之间建立一种真正的诚信关系。

二、旅游经营者与竞争者之间的伦理关系

旅游市场竞争是指具有独立经济利益的从事旅游产品生产的各生产主体和各经营主体之间,为获得有利的产销条件(或经营条件),以争夺客源为中心的自觉不自觉的抗衡和较量,是旅游业的经营主体为取得生存条件而进行的一种抗争。旅游市场竞争是商品经济的产物,它随着商品经济的产生而产生,并随商品经济的发展而发展。旅游市场竞争是一种调节和激励机制,它以经济利益调动人们旅游活动的积极性和主动性,有利于提高旅游市场主体的素质,有利于旅游市场的繁荣。同时,它又对旅游市场的建设产生一定的负面效应,如诱发恶性竞争、产生垄断,等等。因此,在激烈的旅游市场竞争中,旅游经营者和竞争者之间应该建立何种伦理关系是一个值得探讨的问题。

三、旅游经营者与社会及公众之间的伦理关系

旅游经营者与社会及公众之间的伦理关系,可以用经济人和社会人的关系来表述,也就是旅游经营者在旅游活动中如何处理好个人利益与他人利益、集体利益之间的关系。旅游经营者作为一个经济人,经营的动机纯粹是为了经济目的,而不考虑社会公众的需求。而作为一个社会人,旅游经营者在旅游活动的过程中要遵循一定的道德规范,将经济人与社会人的角色统一起来。

四、旅游经营者与员工之间的伦理关系

旅游经营者处理好内部的伦理关系,有利于缓解企业内部的矛盾,协调人际关系,调动员工的积极性和创造性,促进企业的长远发展。在市场经济条件下,旅游经营者与员工之间的关系是建立在劳动合同的基础上的,因此劳资双方的关系实质上应该是一种契约关系。劳资双方应该根据合同来约定双方的权利和义务,彼此信任,相互尊重,建立一种责任明确、平等互信、公平竞争的伦理关系。

诚信经营对于旅游企业至关重要,如果做不到守承诺,讲信用,企业损失的将不是一位客人,而是整个社会声誉的下降,对企业的经营来说将会是一种致命的打击。在当今旅游企业竞争激烈的情况下,众多旅游企业都在

追寻产品与服务的创新性与特殊性,而往往忽视了最基础的诚信经营。如果连最基本的诚信都做不好或是做不到,又怎么能让消费者对旅游企业产生信赖感,进而成为该企业的忠诚顾客呢?

旅游企业应该重视自身的诚信建设,制定诚信经营的目标,培育和传播企业诚信文化,对员工进行诚信教育,使诚信经营的理念渗透到每个员工的心里,并监督促进旅游企业的诚信建设,做到"言必行,诺必诚"。切实加强旅游企业诚信的重建不仅是企业也是全社会一项刻不容缓的重要任务。实践表明,诚信的重建不是单纯靠哪一家、哪个部门就能完成的,它是一个系统工程,需要社会各方面的共同努力和通力合作。

第二节 旅游市场的伦理建设

一、我国旅游市场的发展现状及特点

1. 我国旅游市场发展的现状

旅游业正在发展为世界上最大和增长速度最快的产业之一。中国旅游的发展是跨越性的,入境旅游已排在世界第四位,进入了世界旅游大国之列。最近,世界旅游理事会从旅游经济对整个中国经济的影响,测算了中国旅游业对中国GDP的贡献,其中主要的指标是:2005年中国旅游业直接增加值超过445亿美元,相当于中国GDP的2.8%,所引起的直接和间接效应,相当于中国GDP的11.7%,旅游业在中国的作用越来越显现。特别是在中国加入WTO后,国际旅游业的先进理念和成功的运作经验也进入了中国,并通过与中国特色的有效"对接",合理运用到我国旅游市场的实践当中,从而有效促进了中国旅游业的快速发展。从中国来看,我们不仅仅把旅游业作为外汇收入的主要来源,而且逐渐变成国民经济新的经济增长点,同时也成为构建和谐社会一个重要的工具。中国作为世界旅游资源第一国,又拥有着世界最大的国内旅游市场,在这种供需双向互动下,旅游业的前景辉煌。

中国旅游市场的优势:市场需求不断扩大,标准化进程加快,旅游市场体系逐步完善,全国各地旅游行业和管理部门,针对旅游市场中某些不合理、不规范的行为,加强了规范化管理,并采取国际惯例和国际标准,带动旅游业的健康发展。

中国旅游市场现存的问题:目前中国旅游市场尚是一个不成熟的市场,不成熟的市场助长企业的失信,因而存在许多问题。如,现行旅游体制难以

第四章　旅游市场的伦理规范

适应现代企业制度的要求,不理性的削价竞争成了众多旅游企业间竞争的唯一手段,侵犯旅游者合法权益、扰乱旅游市场秩序等事件时有发生。如此不成熟的市场很难造就成熟的企业,最终受害的是整个旅游行业。

中国旅游业面临的挑战:市场需求呈现多元化、多变性,市场差异性日益缩小,而竞争则呈现多元化,旅游市场格局出现了新的变化。从2006年起,中国境内允许成立外商独资旅行社,外资公司将以各种形式介入中国的旅游市场,形成旅游业的国际竞争国内化、国内竞争国际化。面对这种战略化、国际化的竞争,我们必须遵循国际惯例,根据旅游市场的变化和企业自身能力,有计划地制定企业的长远战略,从而更好地适应国际和国内旅游市场发展的需要。

2. 我国旅游市场的特点

(1)市场需求呈不断扩大趋势

随着国民收入的增加和人民生活水平的提高,越来越多的中国人加入到旅游活动中来。国内旅游蓬勃发展,势头喜人;出境旅游已发展起来,并取得一定成效;入境旅游在竞争激烈的条件下也出现了稳中有升的势头。目前,旅游消费群体正在形成并不断扩大,构成了一个庞大的旅游需求和消费市场。

(2)规范旅游市场秩序的进程加快

随着社会主义市场经济的建立和完善,旅游市场体系也在逐步完善,全国各地旅游行业和管理部门,针对旅游市场中某些不合理、不规范的行为,正加大力度进行整治,切实加强规范化管理。

(3)市场需求呈现多样化和多层次性

中国幅员辽阔、山川秀丽,十几年前,许多地区就已经着手开发各类旅游资源和旅游产品,使得我国旅游资源和旅游产品不断丰富。同时,旅游产品的替代效应又极强,对旅游者来说,就增加了许多的可选择性。特别是由于旅游者的社会经历、经济收入、个人兴趣爱好、受教育程度、职业、性别等等不一样,旅游者表现出不同的市场需求,这种市场需求随着旅游者要求的变化而变化,并呈现出多样化和多层次性。

(4)旅游市场的东西部差异在日益缩小

过去,由于历史、地理、自然、交通、政策等诸多方面因素的影响,中国旅游市场在发达程度方面存在着较大的差异性,沿海优于内地,东部优于西部,国内外旅游者感兴趣的主要是那些早已名闻天下的旅游景区和景点。随着科学技术在旅游业中的运用,信息传递加快,使人们想进一步了解了那些曾经不为人知而又富有新奇感的新景点,交通运输现代化缩短了空间和时间的距离,观念的变化使越来越多的旅游者去寻找从未开垦的神秘世界。与此同时,内地、西部那些不发达地区对旅游业的重视、对旅游投入的加大又使其与发达地区在硬件方面的差距不断缩小。这样,旅游市场的差异在逐渐缩小。

(5)旅游市场竞争呈现多元化

过去,中国旅游市场的竞争基本是同行业中企业之间的竞争,由于当时饭店、旅行社数量和服务项目的供不应求,这种竞争在一定程度上还带有垄断竞争的性质。然而,随着旅游业在各地的兴起,各类旅游饭店拔地而起,旅行社如雨后春笋般出现,使得竞争加剧。而目前的竞争又表现为多方位和多元化竞争,不仅有来自行业内部的竞争,还有各行各业办旅游所带来的竞争,有来自潜在竞争者的竞争,替代产品的竞争等多个方面。这是中国旅游市场呈现出的一个新情况,这表明今后市场竞争将日益复杂化、多元化,要求企业从长期性和战略性来考虑企业营销战略。

(6)旅游市场格局出现新的变化

从国际旅游业来看,市场格局出现新的变化。第一,20世纪90年代以来,亚洲市场发展强劲。我国入境客源市场快速增长,来华客源增长幅度较高的主要客源国大多在亚洲。以1995年为例,当年日本来华旅游人数130.52万人次,比上年增长14.4%;韩国来华旅游人数比上年增长55.6%,成为我国第二大客源国;新加坡、马来西亚、菲律宾、泰国、印尼五国来华旅游人数合计已超过百万,达103.91万人次,比上年增长14.2%。第二,市场结构发生变化:(1)散客迅速增长,团队比重大幅度下降。据国家旅游局抽样调查,1990年来华旅游者中散客占35.4%,1994年散客比重上升到67%。近几年这种势头继续得到延伸;(2)中年旅游者趋增,而老年旅游者趋减。第三,客源流向发生变化。表现在随着国际旅游市场逐步趋于成熟,交通及接待条件不断改善,产品的弹性和替代性增强,旅游者的选择性加大,分布也日益广泛,近几年来主要旅游城市客源出现较大范围的下降与减速,而此时,又有一批新兴的旅游城市和地区出现客源较大幅度增长。第四,旅游方式发生变化。旅游者在华停留天数趋减,经停城市数趋减,旅行的随意性增强,买方的选择性增强。从国内旅游业来看,随着国民经济快速增长,人民物质生活和精神生活水平进一步提高,观念的更新,休闲时间的增多,收入的增加,国内旅游进入了一个新的发展时期,供求两旺,形势看好,势头迅猛。

据国家旅游局公布的2001年旅游统计资料显示,国内旅游业发展呈现出几个特点:第一,国内旅游继续发展,利润率成上升趋势。2001年度国内旅游组团3516.17万人次,同比增长31.95%;国内旅游利润为3.79亿元,同比增长0.09个百分点。第二,国内旅游市场上,参游农民人数占有一定份额,并呈上升趋势。1995年参游农民3.83万人次,而2001年为4.09万人次,增长了0.26万人次。第三,从旅游消费来看,农民旅游消费水平过低。2001年全国旅游消费3522.37亿元,人均449.5元,其中城镇居民人均708.3元,而农村居民人均仅为212.7元。以上情况表明,在市场经济条件下,旅游市场发生了很大的变化,竞争加剧,并且这种竞争将进一步战略化、国际化、白热化、长期化,这就对旅游企业在市场建设方面提出了更高的要求。

二、旅游市场的伦理建设

1. 建立健全旅游市场竞争机制

要想改善旅游市场的恶性竞争、提高旅游经营者的服务质量、保护旅游者的权益,最有效的措施就是建立健全旅游市场竞争机制。旅游市场竞争机制的建立,有利于我国旅游业摒弃传统的低层次竞争理念,从而寻找一种能够引导旅游业走上集约化发展道路的经济发展战略和树立一种高层次的竞争理念,以保持我国旅游业发展的良好态势。

2. 加强旅游法律法规的监管

旅游市场中出现的许多服务质量的问题,应从立法上加以解决。如果旅游市场主体的权益受到侵犯,就可以诉诸于法律。自从1985年国务院颁布了《旅行社管理条例》以来,陆续颁布了许多条例法规,这些法规、条例在规范旅游市场、维护旅游者权益等方面起到了一定的作用,但仍需进一步加强和完善。

3. 加强新闻媒体的舆论监督

通过加强新闻媒体的舆论监督,能够有效地改善旅游经营者的服务质量,使旅游企业和公众之间建立起一种良好的关系,从而在一定程度上决定着企业的生存与发展。

4. 培育旅游经营者的伦理精神

就旅游市场的经营者来说,自身的道德情操、职业素质对旅游活动有着重要的影响,因此,加强旅游经营者的伦理精神的培养,是旅游市场伦理建设的关键。伦理精神,即指构成社会的伦理生活、个体的道德品质、自觉的伦理理论的精神性、体系性的元素,以及由这些元素所形成的完整形态。旅游服务是一个特殊行业,对其从业人员有着严格道德理性要求,此种要求并非在学生从业时才得以实行,而必须在先期学习阶段加以培养。伦理精神是一个宽泛的概念,若其元素有机注入旅游教育领域,施加旅游活动和项目开发的旅游专业人才系统伦理道德影响,将为我国旅游业从业人员素质的提高以及旅游业的健康发展打下坚实的基础。

第三节　旅游业的可持续发展

一、旅游可持续发展的含义

旅游活动作为一种社会现象,涉及到人与自然、人与人的关系及人与社会的关系。人们的传统观点一直认为旅游业是无烟工业和绿色产业,对环境不会造成污染和破坏,然而随着近年来旅游业的蓬勃发展以及人们环境保护意识的淡薄,旅游对生态环境的破坏已经成了一个残酷的事实,人们开始考虑如何在发展旅游经济的同时保护自然环境,维持生态系统平衡,使旅游业真正协调、健康、持续的发展。1990年在加拿大温哥华召开的"可持续发展国际大会"上,旅游组行动委员会在《旅游可持续发展行动战略》草案中明确地提出了"可持续旅游"的概念,并比较全面、系统地表述为:(1)增进人们对旅游所产生的环境效应与经济效应的理解,强化其生态意识;(2)促进旅游的公平发展;(3)改善旅游接待地区的生活质量;(4)向旅游者提供高质量的旅游经历;(5)保护未来旅游开发赖以生存的环境质量。旅游可持续发展战略是可持续发展思想在旅游业中的具体体现,是为了协调旅游活动过程中各种关系,树立可持续发展观,推动旅游业健康、和谐的发展。

1987年,世界环境与发展委员会(WCED)发表了《我们共同的未来》(*Our Common Future*),即著名的布伦特兰报告,界定可持续发展是指"既满足当代人的需求,又不损害其子孙后代满足其需求能力的发展"。可持续发展的核心是"发展",可持续发展要以保护自然环境为前提,与资源和环境的承载能力相适应。发展的同时注意环境保护,包括控制环境污染、改善环境质量、保护生物多样性、保持地球生态系统的完整性、保证以可持续的方式使用自然资源,使人类和社会的发展保持在地球承载能力之内。

旅游可持续发展是指在不损害环境持续性的基础上,既满足当代人高质量的旅游需求,又不妨碍满足后代人高质量的旅游需求;既保证旅游者和旅游地居民的利益,又保证旅游经营者的利益,实现旅游业的长期稳定和良性发展。它的实质是指人与人之间、人与自然之间的互利共生、协同进化和发展,包括自然、经济、社会的可持续发展三个基本方面,强调社会的发展是复杂系统的整体推论、不断优化的过程。

二、旅游可持续发展的内容——资源与环境的保护

旅游资源与环境的保护是旅游可持续发展的重要组成部分和核心内容,它们之间是相互依存、相互制约的关系。随着经济的发展和人民生活水平的提高,旅游业已成为我国国民经济新的增长点,然而,在我国的旅游开发中,存在着急功近利的思想,对旅游资源重开发、轻保护。因此,只有走保护环境和合理利用资源的发展道路,旅游业才有生命力。

1. 增强忧患意识,树立正确的旅游环境观

环境是旅游业发展的自然资源,旅游业离开了优美的环境便无法发展,所以我们在发展旅游业时,要立足长远,克服短期行为,在环境承载力的范围内健康发展。要树立对旅游资源的忧患意识,清醒地看到人类目前面临的环境问题已十分严重:大气污染,森林植被面积减少;水土流失,荒漠化日趋扩大;淡水资源危机,江河湖海污染日趋严重;有毒化学品污染有增无减,等等。

2. 加强法制意识,保护人文和风景旅游资源

旅游资源的开发,必须增强法制意识。虽然我国《旅游法》尚未出台,但《中华人民共和国文物保护法》、《森林法》、《野生动物保护法》、《公路法》、《风景名胜区管理条例》等法律法规对旅游开发起到一定的约束作用,要严格贯彻执行。

3. 作好科学规划,进行合理有序开发

旅游开发必须与环境保护相一致。尽管很多旅游地的开发是打着保护环境、维护生态平衡的旗号,但在运营中实际上都对生态环境造成了不同程度的破坏。所以,开发时必须进行详细的环境评价,在环境评价的指导思想上,一定要坚持以人为本,立足于人民群众的长远利益,切切实实搞好环境评价。不能为了上项目,把环境评价作为幌子、走过场,要制定科学的规划。规划要坚持科学发展观,体现环保与开发相互促进、人与自然和谐发展。

4. 加强管理和监督,积极推进旅游业可持续发展的实施

一个生态系统处在自然状态下,有较强的自我恢复能力,一旦作为旅游资源来开发,人的影响便削弱了这种能力,所以要进行环境与资源保护。旅游开发与保护离不开政府主导,所以主管部门要加强对旅游开发的管理,特别是那些所有权与经营权分离的景区,更要加强监督。要建立与之相适应

的制度和措施,并要付诸实际行动中,体现在每个具体项目和运行环节上。

5. 加强宣传与教育,提高公众保护意识

联合国教科文组织在对申报世界文化遗产的景点进行考察时,都是把有没有保护措施,有没有公众参与保护的意识放在首位。应加强开展全社会旅游业可持续发展的宣传与教育,加强科普工作,加强对游客在自然资源和环境保护方面的宣传教育。

6. 生态旅游产品,提倡绿色环保游

在旅游开发中,要贯彻生态意识,积极开发符合可持续发展的生态旅游、绿色旅游、环保旅游和各种新型旅游产品,大力发展生态旅游。

总之,旅游资源的开发与保护是一项关系子孙万代的系统工程,我们一定要坚持以人为本,从建立和谐社会的高度出发,促进这项事业健康可持续发展。

案例4-1:周庄——古镇开发的经验

周庄虽历900多年沧桑,仍完整地保存着原有的水乡古镇的风貌和格局。周庄是一个拥有900多年历史的江南水乡古镇,其特有的自然环境,滋养了典型的江南水乡风貌,而它近千年历史文化蕴积所凸现的水乡神韵,更是引人无限遐想。全镇60%以上的民居仍为明清建筑,仅有0.4平方公里的古镇有近百座古典宅院和60多个砖雕门楼。周庄至今仍保存着建自元、明、清代的石桥14座。周庄除了优美的环境吸引大批游客以外,有更多的游客来到周庄是能够一边陶醉于美丽的环境之中,一边了解和欣赏周庄独特的民情风俗。也正是因为周庄"井"字形河道构成的江南最为典型的"小桥、流水、人家"水乡古镇和沉淀900多年的厚重文化,被联合国教科文组织世界文化遗产保护委员会列入世界文化遗产保护预备清单。2001年6月,亚太经合组织贸易部长非正式会议把会场选在这里。赞美之词更是溢于言表。然而,周庄人民并没有在光环下面享受崇拜,而是打着"保护与发展"的口号,不断创新进取,把"中国第一水乡"的著名品牌更加发扬光大。

分析:周庄是一个水乡古镇,小桥、流水、人家构成了独特的自然景观和人文景观,保存了完好的人文景观,文化积淀底蕴相当丰富。并且早在1986年,周庄就作了"保护古镇,建设新区,开辟旅游,发展经济"的总体规划,其中的重点则是保护古镇,并始终坚持经济发展服从于古镇保护的原则。在10多年中,先后7次不断修编总体规划。为了做好旅游经济这篇特色文章,周庄千方百计努力提高知名度,并且不断创新,积极挖掘旅游资源和民俗民情。"保护与发展"的口号不是周庄的独创,而且还很常规,妙在周庄人能悟其精旨,合时把握,顺时而发,因地制宜地踏准"保护与发展"并举的路子。整合优势,以至于产生和谐共鸣的效果。在旅游开发过程中,当遇到多种利益发生冲突且难以平衡时,要以"保护优先"为基本前提,树立系统保护的理念。对古镇的保护不仅包括对生态环境的保护,还包括对古镇文化整体的保护。生态环境的保护主要是指治理古镇脏、乱、差现象,严防由于游客过多造成对古镇的垃圾污染、水污染、噪音污染、光污染、视觉污染等;对古镇文化的保护主要是指对建筑文化、民风民俗文化、民间艺术文化等的保护。游客到古镇游览,主要是受其优美宁静的环境、古色古香的民居建筑、纯朴的民风民俗所吸引,保护这些原真的、本来的、真实的东西是维持和延长古镇生命力的有力举措。以保护为主、旅游开发为辅,以旅游促保护应是古镇旅游开发的主题。(资料来源于廖柏明、陈泰和:《桂林旅游资源保护典型案例比较分析》,载《社会科学家》,2006年第10期)

三、旅游可持续发展战略的实践——生态旅游

"生态旅游"这个概念,是由国际自然保护联盟(IUCN)特别顾问、墨西哥专家谢贝洛斯·拉斯喀瑞(Ceballos-Lascurain)在20世纪80年代初首次提出的。之后伴随着生态旅游在全球的普及,不同领域的专家和学者从地理、自然、文化、社会、经济等角度对其概念进行不断的充实。1992年美国生态旅游学会将生态旅游限定为:"为了了解当地环境的文化与自然历史知识,有目的的到自然区域所进行的旅游,这种旅游活动的开展在尽量小地改变生态系统完整性的同时,创造经济发展的机会。"(生态旅游协会,1992年定义)随着时间的推移和社会的发展,其内涵不断丰富,但有两个基本点却没有改变:生态旅游的对象是自然景物,生态旅游的对象不应受到损害。目前以"走进自然、感受生态"为主旨的生态景区,成为人们度假休闲的好去处,日益受到都市人的青睐。但令人遗憾的是,有的地方在生态旅游问题上存在着认识上的偏差,许多游客在旅游时并不清楚对保护环境负有什么责任,出现了一些有意或无意破坏生态的现象。据中国人与生物圈国家委员会提供的一份调查显示:我国已有22%的自然保护区由于开展生态旅游而造成保护对象的破坏,11%出现旅游资源退化。对此,应当引起高度重视并采取有力措施加以整改。

(一)我国生态旅游发展中存在的问题

1.旅游资源的粗放开发和盲目利用。相当部分地区的政府、有关部门

在开发旅游资源时,缺乏深入的调查研究和全面的科学论证、评估与规划,迁就投资商的不合理要求,置国家有关规定和生态旅游区域总体规划于不顾,造成了一些生态破坏和损失;有的开发者急功近利,只重开发而轻保护,片面追求经济效益,过度开发生态资源,造成生态旅游产品开发的无序状态和高品质生态资源的不合理、低水平开发。

2. 对民族文化缺乏有效的保护和继承。就目前的状况来看,在外来和现代文化的巨大冲击下,一些生态旅游的开发常常摒弃珍贵的民族文化特色,忽视自身特有的文化价值,对传统文化缺乏有效的保护和继承,使一些珍贵的文化旅游资源面临退化和消失的危险。一些生态旅游地将古朴的民俗民风、肃穆的宗教仪式包装为粗俗的商业性表演,原有的文化价值被商业价值所取代,旅游者面对这样的旅游产品感受不到有益的教育和熏陶。

3. 风景名胜区生态环境恶化。旅游业的发展,使旅游接待地的流动人口增加,过量的旅游者带去大量的生活垃圾,影响甚至破坏了旅游环境;废气排放量的增大,加剧了旅游接待地的空气污染、噪音污染和水质污染。风景区内生活污水、垃圾随处可见。

4. 旅游者环保意识差。由于我国人口众多,旅游业发展迅速,而又缺乏合理的规划和管理,国民的生态意识较差,有些旅游者游到哪里,生态破坏和环境污染就搞到哪里。在旅游景点旅游者触摸攀爬名胜古迹,在部分古迹上乱刻乱画的现象也时有发生,所有这些,都使名胜古迹的本来风貌和存在寿命受到严重威胁,加重了旅游景点的人为破坏。更有少数旅游者,竟在旅游区狩猎、采集、露营、野炊,这既加重了旅游区的生态负担,又可能造成物种稀少,甚至灭绝,使旅游区的平衡受到了严重破坏。

(二)我国生态旅游可持续发展的措施

1. 制定我国生态旅游可持续发展的规划。制定科学的旅游规划是生态旅游业健康发展的重要保障。作好旅游开发规划,坚持可持续发展原则,贯彻资源和环境保护的思想,这不仅是开发取得良好经济效益的保障,也是预防资源和环境遭到破坏的重要措施。目前我国生态旅游尚处在起步发展阶段,许多方面存在着问题与挑战,尤其是对环境的影响和对资源的破坏问题较为严重,因此,加强生态旅游规划,保证生态旅游开发沿着健康的方向发展显得尤为重要。

2. 加强政府监管和行业自律。要实现生态旅游的可持续发展,政府的监管和旅游企业行业的自律是关键。由于旅游业具有综合性的特点,对社会、政治、经济、文化具有广泛的影响,政府的监管不可或缺。有关主管部门要切实履行对旅游秩序管理和资源保护管理的职能。同时,旅游企业要努力提高经营管理水平,加强行业自律,正确处理短期利益和长远利益,企业利益和生态、环境社会效益的关系。

3. 加强对游客的生态旅游教育。生态旅游应高度重视环境保护工作。环境保护工作的基础在于游客的环保意识,而要提高人们的环保理念,关键在教育。目前,全社会的环境保护意识仍有待进一步提高,生态旅游景区的环境教育还有很多不足之处。很多生态旅游景区缺乏对游客进行教育的责任感,同时教育途径和形式单一。加强生态旅游教育,需要全社会共同努力,可通过学校教育、新闻媒体宣传,营造良好的生态旅游大环境。同时,各生态旅游景点要提高认识,强化责任意识,利用多种途径开展生态旅游环保教育。例如在门票上印上一些有关生态旅游知识或生态保护的内容,充分发挥景区游客信息中心的功能,或者利用环保志愿者进行教育宣传等等,从点滴做起,再充分发挥导游以及景区保安等的监督作用,这样可能逐步实现教育游客的功能。

第四节 案例分析

阿尔斯通基金会与大自然保护协会联合推出"滇西北·梅里雪山—老君山生物多样性保护"项目

项目概述:"滇西北·梅里雪山—老君山生物多样性保护"项目由阿尔斯通基金会与大自然保护协会(TNC)共同启动推出,旨在保护当地的生物多样性,为梅里雪山和老君山地区设计并实施一个全新的生物多样性保护模式,在发展经济的同时,保护好该地区具有极高生物多样性价值的生态环境,使自然、生态、社会和文化环境得到科学的保护、和谐的发展。为促进当地生态保护,阿尔斯通中国、阿尔斯通基金会携手大自然保护协会(TNC)积极投身"滇西北·梅里雪山—老君山生物多样性保护"项目。项目持续5年,阿尔斯通基金会为该项目提供100万欧元的资金支持,用于滇西北地区对可替代能源、绿色建筑、生态旅游、环保意识的推广及普及培训。项目覆盖梅里雪山地区3个乡镇1200农户的8000人,以及老君山地区4个乡镇约12500人。

项目背景:滇西北是我国乃至全世界具有最典型生物多样性特征的地区之一,同时,也是云南省生态环境较为脆弱的地区。在中国的17个保护区中，滇西北的重要性位居首位，该地区是全球最密集的江河并流带，包含了著名的"三江并流"景观，亚洲最大的三条河流——金沙江、澜沧江、怒江在此处并流近170公里。虽然该地区的面积不到中国总面积的0.4%，却拥有中国20%的高等植物种类和25%的动物种类，几乎是北半球生物生态环境的缩影。

近年来，由于当地社区乱砍滥伐，过度采摘，加之大众旅游的逐年升温，该地区的生物和文化多样性面临着前所未有的威胁。"滇西北·梅里雪山—老君山生物多样性保护"项目由阿尔斯通基金会与大自然保护协会（TNC）共同启动推出，旨在保护当地的生物多样性，在发展经济的同时，使自然、生态、社会和文化环境得到科学的保护、和谐的发展。

实施过程：2008年12月2日，阿尔斯通基金会与大自然保护协会（TNC）在北京宣布，共同启动"滇西北·梅里雪山—老君山生物多样性保护"项目。该项目涉及梅里雪山地区的3个乡镇，老君山地区4个乡镇的10个村，共计2万多民众，旨在为这两个地区设计并实施一个全新的生物多样性保护模式，在发展经济的同时保护好该地区具有极高生物多样性价值的生态环境，使自然、生态、社会和文化环境得到科学的保护。

启动仪式：滇西北地区，地处青藏高原与云贵高原交界处，山峦高耸，峡谷深嵌，江河跌宕。亚洲最大的三条河流——金沙江、澜沧江、怒江在此处并流。该地区物种丰富，分布着中国20%的高等植物种类和25%的动物种类。这里还聚居着藏族、纳西族、傈僳族等少数民族。因此，在中国的17个保护区中，滇西北不仅是全球景观类型、生态系统类型、生物物种最丰富、最集中的地区之一，也是孕育着丰富多样的民族与历史文化的地区。而梅里雪山和老君山则是滇西北生物多样性最具代表性，同时也最脆弱的地区。

多种多样的生物是全人类共有的宝贵财富。生物多样性为人类的生存与发展提供了丰富的食物、药物、燃料等生活必需品以及大量的工业原料。生物多样性维护了自然界的生态平衡，并为人类的生存提供了良好的环境条件，是生态系统不可缺少的组成部分。

与滇西北极高的生物多样性价值、巨大的景观观赏性相伴随的却是珍稀且脆弱的生态系统。当地人民长期以来采取对自然破坏性的生存与生活方式，过度砍伐树木及采摘药草，破坏了森林资源的结构，使得很多珍稀药用植物濒临灭绝。专业知识与先进技术的匮乏导致当地基础建设规划不合理，造成了滇西北地区生物多样性及生态环境的进一步破坏，进一步导致当地人民陷入更贫困的状态。面对此种情景，"滇西北·梅里雪山—老君山生

第四章 旅游市场的伦理规范

物多样性保护"项目的启动显得尤为及时。启动仪式上,阿尔斯通基金会宣布,其目标是在未来5年内为该项目提供100万欧元的资金支持。期间,阿尔斯通基金会将与大自然保护协会一起,在当地社区及居民中大力推广可替代能源、绿色建筑、科学采摘、生态旅游等在内的绿色生活方式来保护青山绿水以减少对森林资源的过度使用;同时,通过开展生态旅游来保护当地濒危的珍稀动植物物种;最终建立可持续运营的规范性管理机构,开展社区环保宣传教育,实现生物多样性保护与经济的可持续发展。

可替代能源:家家户户忙换灶

一个藏族老村长滔滔不绝地讲述了他对换灶的感慨:"我们祖辈住在雪山脚下,靠着山和林,靠着遍地的药草一代代传下来,以前从来没想过我们的活法把山和林破坏了,再过几辈子,我们的后代娃娃们就不能再活下去了。今天,我们换了节柴灶,安了太阳能热水器,给我们的后代子孙们留了活路,还给村里节省了劳动力。"

这位藏族老大爷之所以发出这番感慨,是因为2006年底,在滇西北地区的6个县、24个乡、312个自然村中,完成了一万多个可替代能源设施的安装,其中,沼气池5279口、太阳能热水器3079套、沼气池—大棚139座、节柴灶2034眼,在这场以环保为目标的家家户户大换灶行动中,4000家农户因此减轻了室内空气污染,直接受益农户达9000户,直接减少50%—70%的薪柴消耗,同时,通过在各个社区开办培训班、发放宣传图等,滇西北地区已有50000人提高了对室内烟雾及其危害的认知,并了解了有关可替代能源技术。

老村长的话说明了来自社区及当地民众的支持。对于各种环保措施的推广,从一开始就注意与当地民族文化传统的结合,并将新技术的地区适用性全盘考虑在内,对包括节能炉灶、太阳能热水器、沼气、微型水力发电机等在内的可替代能源技术的推广,不仅保护了森林资源和丰富的生物多样性,也相应地改善了当地居民的生活水平。

绿色建筑:"希罕"技术进家园

天然林商业禁伐后,德钦县森林每年总消耗量为22万立方米,其中薪柴占78%,木建材占17%,其他消耗占5%。薪柴的大量消耗与目前乡村房屋的建筑结构有着密切的关系。日益增长的人口及对住房的需求,加大了环境的压力。

为应对这个棘手的问题,阿尔斯通基金会将在当地积极推广绿色建筑。在尊重藏族等少数民族传统文化的前提下,绿色建筑不仅在设计上保留了本地传统建筑风格,同时吸收了国外先进节能建筑的设计经验,引入了节能和可再生能源技术,采用绿色环保材料,以达到充分利用可再生能源,改善传统藏房居住舒适性,降低木材消耗,保护森林和生物多样性的目的。在这些绿色建筑中,还采用了一种国内近年来最新发展起来的新型供暖方式,太阳能低温地板辐射采暖系统,这种采暖系统具有温度梯度小,室内温度均匀,易于敷设和易于施工的优点。阿尔斯通基金会将一如既往地支持绿色建筑在当地的推广。

种植与采摘:从科学入手

随着药用植物商业价值的加大,在经济利益的驱使下,滇西北地区过度采摘之势也日趋严重。不科学的采摘方式使土地满目疮痍,很多珍贵的药用植物再也不会重新生长。今后,阿尔斯通基金会将通过资助的方式,对村长及藏医等不同群体进行有针对性的培训,来提升人们对药用植物保护重要性的认识,同时指导他们如何发展小规模的药用植物人工养殖,教给他们养蜂及科学的蜂产品处理技术,以此维持生计,增加经济收益,在帮助当地人民摆脱贫困的同时,保护了当地的生物多样性及生态环境。

生态旅游:拒绝一切污染

梅里雪山主峰卡瓦格博峰上最长的冰川带明永冰川,正以每年50米的速度消融。仅仅4年间,冰川就缩短200米,厚度从500米减为150米。据地质学家分析,过去,每年前往梅里雪山游览的人数不过1万,而今已突破10万人次,正是因为游客激增形成的巨大热辐射,导致了冰川消融。越来越多的游客以及人们环保意识的匮乏为滇西北生态环境的可持续发展埋下了越来越多的隐患。因此,阿尔斯通基金会资助当地建设生态旅游,建立以社区为基础的旅游示范基地,制定相应的旅游垃圾管理机制,并有选择、有针对地对徒步旅行进行有效的改善及维护。这些措施都有助于长期旅游产业的开发,使人们今天可以看到美丽的云南红豆杉和虫草,看到滇金丝猴与斑羚,多年后,子孙后代也依然可以看到这些美丽而珍贵的动植物。

经验与创新:该项目的推广结出了累累硕果,当地居民生活和环境带来了巨大的变化,滇西北地区实现了生物多样性保护与经济的可持续发展。

太阳能、沼气等可替代能源的开发利用和节能技术的推广,减少了薪柴资源消耗,消减森林资源退化,减轻当地居民伐柴的日常劳作负担;绿色建筑的理念和技术的推广,使建筑与自然共生,消减木建材房屋所造成的森林资源退化,保护生态环境,宣传教育的开展,减少了过度采摘对药用植物物种的破坏,促进了当地社区的经济发展;生态旅游项目的开发,绿色旅游策略的制定,保护了当地濒危的珍稀动植物物种,带动和引导了旅游向绿色、可持续方向发展。最为重要的是当地社区群众的生态保护意识得到了提升,社区群众对当地自然资源、文化资源的自豪感被激发,大大增强了对当地生物物种和生态环境的保护意识与参与意识。(资料来源于《中国青年报》,2008年12月4日)

思考题:
1. 简述我国旅游市场发展的现状及特点。
2. 简述旅游市场伦理建设的途径。
3. 旅游可持续发展的含义是什么?
4. 简述旅游可持续发展的内容。
5. 结合实际谈谈如何发展生态旅游。

第五章　旅游消费的伦理导向

第一节　旅游消费的特点及作用

一、旅游消费的构成

（一）旅游消费的内涵

旅游消费,从动态意义上讲,是指人们支付货币购买旅游产品以满足自身旅游需求的行为过程;从静态意义上讲,是指由旅游者消费产品和服务的使用价值。因此,现代旅游消费是指人们在旅游过程中,为满足自身享受和发展需要而消费的各种物质产品和精神资料的总和。旅游消费从其性质上可作如下界定:

1. 旅游消费属于个人消费的范畴。个人消费,包括满足基本生存需要的消费和发展与享受需要的消费两个方面。基本生存需要的消费,是为了维持个人和家庭最低生活需要的生活资料的消费,是保证劳动力再生产所必须的最低限度的消费;发展与享受需要的消费,则是为了提高人们的文化素质,陶冶情操,发展劳动者的智力、体力从而达到劳动力内涵扩大再生产的目的。因此,旅游消费属于满足发展与享受需要的消费,是一种高层次的消费。

2. 从个人消费的内容来看,不外乎物质消费与精神消费两个方面,它除了包括以商品形式存在的消费品外,还包括消费性服务在内。旅游消费就包括了人们在旅游过程中所获得的满足其发展与享受的物质产品、精神产品和旅游服务三个方面的消费。

3. 旅游消费是一种超出生存需要的高级消费方式。随着科学技术的发展和社会生产力的提高,人们生活的不断改善,旅游已日益成为人们生活中不可缺少的一个组成部分,旅游消费在人们总消费中占据的比重也越来越大。

(二) 旅游消费的外延

作为一种生活方式,在人们社会生活方式的整体系统中,旅游消费是其中的一个分支系统,它是由若干相互关联的方面所组成,具体包括以下方面:

1. 消费意识。人们的旅游消费过程,是受其消费心理、消费观所构成的消费意识的支配、控制而完成的。消费心理是浅层的消费意识,即人们在一定条件下,由自身感觉体验的心理活动而形成的消费动机、意向和兴趣。消费心理往往受其社会环境的影响而自发地形成。消费观是深层的消费意识,是在一定的人生观、价值观的基础上形成的,并具有相对稳定性。相对稳定的消费观同相对变化的消费心理相结合,就构成人们的消费意识。消费观为人们的消费活动提供模式,消费心理则直接影响着人们现实和具体的消费行为。

2. 消费习惯。消费习惯是指在一定环境下经常重复出现的一种消费行为方式,其具有民族性、历史性和相对稳定的特点。不同国家、地区和民族的消费习惯是在各自特定的经济、文化条件下历史地形成的,并凝聚成为一种社会心理或行为规范,是构成不同国家、地区的文化形态和民族习俗差异的重要因素。

3. 消费能力。消费能力是指人们为满足旅游需求而进行消费活动的能力。它既包括人们生理上的消费能力,又包括人们获取一定量消费的经济能力。生理的、经济的、文化的条件,是构成旅游消费能力的物质和精神的基础。然而,这毕竟只是一种可能的消费能力。要把可能的旅游消费能力变成现实的消费能力,还需要成熟的客观条件,即旅游者在具备生理上、经济上、文化上的完整的消费能力同时,客观上也要拥有条件来获取所需要的消费资料,这才是现实的旅游消费能力,才能使消费活动得以实现和进行。

4. 消费水平。消费水平主要是指从数量上表明旅游消费在物质、文化方面满足旅游者需要的程度。任何消费方式总是要通过一定的消费水平体现出来的,特别是旅游消费品和服务总是具有一定质量的,所以,消费水平所包含的旅游产品和服务的质量,既包括精神消费品及其服务的数量和质量,又包括物质消费品及其服务的数量和质量。因此,必须从数量与质量、物质消费与精神消费的统一中来把握旅游消费的水平。

5. 消费结构。消费结构是指旅游消费主体在一定时间内,对各类旅游产品和劳务消费的数量比例和相互关系。旅游产品消费又可分为满足生存基本需要的生存消费、满足享乐需要的享受消费、满足人的体力和智力发展需要的发展消费等。此外,消费结构还包括个人消费与社会公共消费的比例关系,以及商品性消费与自给性消费的比例关系。消费结构的状况反映了旅游消费方式的基本特征,表现了旅游消费的水准和质量。

二、旅游消费的特点

任何高层次的消费活动,都是由于社会生产力的发展和人们生活水平的提高所产生的。旅游活动涉及政治、经济、文化等广泛的社会领域,旅游消费的内容包含着食、住、行、游、购、娱等诸多方面,因而旅游消费具有其自身的特殊性。如果说一般传统产品的消费方式是把消费过程与再生产过程相对区分开来的,那么作为现代消费方式的旅游则把消费过程与再生产的过程有机地融为一体。因此,旅游消费具有许多不同于一般传统产品消费的特点。

(一) 旅游消费是综合性消费

旅游消费不同于一般物质产品一时一地的消费,它是一个连续的动态过程,贯穿于整个旅游活动之中,因而综合性是旅游消费最显著的特点。

(1) 从旅游消费的对象看,旅游消费的对象就是旅游产品,而旅游产品又具有综合性特点,它是由旅游资源、旅游设施、旅游服务等多种要素构成的,其中既包含物质因素,也包含精神因素;既有实物形态,又有非实物形态;既有劳动产品,又有非劳动的自然创造物。因此,旅游消费对象是多种要素、多类项目的综合体。

(2) 从参与实现旅游消费的部门看,旅游消费是众多部门共同作用的结果,许多经济部门和非经济部门均参与了旅游消费的实现过程。前者包括餐饮业、旅馆业、交通业、商业、农业等;后者包括环保、园林、文物、邮电、海关等。这从另一个侧面也证明了旅游消费的综合性特点。

(3) 从旅游消费活动的构成看,旅游活动是以游览为中心内容的,但是为了实现旅游的目的,旅游者必须凭借某种交通工具,在旅途中必须购买一定的生活必需品和旅游纪念品,必须解决吃饭、住宿等问题。可见,旅游活动是集食、住、行、游、购、娱于一体的综合性消费活动。

(4) 旅游者在消费旅游产品的过程中所获得的效用是一种综合性的效

用,其中既有保健性的、文化性的,又有享乐性的和纪念性的效用等。

（二）旅游消费是以劳务为主的消费

马克思曾指出:"服务这个名词,一般地说,不过是指这种劳动所提供的特殊使用价值,就像其他一切商品也提供自己特殊使用价值一样;但是,这种劳动的特殊使用价值在这里取得了'服务'这个特殊名称,是因为劳动不是作为物,而是作为活动提供服务的。"①这里所指的劳务即服务,服务是以劳务活动形式存在的、可供满足某种特殊需要的经济活动。在旅行游览过程中,旅游者首先必须满足基本的生理需要,因而必然要消费一定量的实物形态的产品。但从总体上看,服务消费占主导地位。旅游服务消费,不仅在量上占绝对优势,而且贯穿于旅游者从常住地向旅游地的移动,到旅游地参观游览,再返回常住地这一消费过程的始终。旅游服务是由各种不同的服务组合成的总体,一般包括饭店服务、交通服务、导游服务、代办服务、文化娱乐服务、商业服务等。旅游服务一般不体现在一定的物质产品中,也不凝结在无形的精神产品中,而是以劳务活动的形式存在着,从而构成旅游产品的特殊形式。这种产品只有被旅游者享用时,它的价值才被实现,一旦旅游活动结束,旅游服务的使用价值就不复存在,从而决定了旅游消费与旅游产品相一致的特性。表现在:第一,旅游消费的异地性。旅游服务是无形的,不可转移的,因此,旅游者必须离开常住地,离开熟悉的基本生活环境,克服空间距离,才能实现旅游消费。第二,旅游消费与旅游交换的同一性,即一般物质产品的交换和消费是两个独立的环节,但就旅游消费而言,服务的提供必须以旅游者的存在即旅游者的实际购买为前提。为此,旅游消费和旅游交换在时间上和空间上是统一的。第三,旅游消费的不可重复性。旅游服务的使用价值对旅游者来说是暂时的,旅游者离去,旅游服务即告终止。这样,随着服务的时间、场合及服务人员心情的变化,即使是同一服务员提供的服务,其标准和质量也会相差很多。因此,旅游者在一生中不可能消费完全相同的服务产品。

（三）旅游消费是伸缩性很强的消费

伸缩性,指人们所需消费品的数量及品种之间的差异,以及这种差异随着影响消费诸因素的变化而变化,表现出扩大或紧缩的状态。所以,伸缩性一方面是就人们对消费品种、数量和质量需求变化情况而言,另一方面是就

---

① 《马克思恩格斯全集》第 26 卷(1),人民出版社 1972 年版,第 435 页。

影响消费诸因素对消费需求变化而言。旅游消费作为一种高层次的消费,其表现为是一种伸缩性很强的消费,具体表现在以下几方面:

1. 旅游消费是无限性消费。美国心理学家马斯洛曾把人的需要分为生理需要、安全需要、社会需要、自尊需要和自我实现需要。旅游消费是人们的基本需要即生理需要和安全需要得到一定满足后,为实现更高层次的需要而进行的高级消费形式,因而没有数量限制。随着社会经济的发展及人们消费水平的提高,旅游消费趋势必然不断增加。

2. 旅游消费是弹性较大的消费。一般来说,满足人们生存需要的消费弹性较小,而满足人们享受、发展需要的消费弹性较大,旅游消费属于后者。许多因素都会影响旅游消费的数量和质量。除了通常所说的价格、收入外,国际政治经济形势、旅游者的职业、年龄、性别、受教育程度、宗教信仰、兴趣爱好,以及旅游地的社会经济发展水平、风俗习惯等,都直接或间接地影响着旅游消费。

3. 旅游消费是季节性消费。这主要体现在两个方面:一是旅游消费需求集中在某些月份或季节;二是某些月份或季节旅游消费的内容集中于某些特定的旅游消费对象。

(四)旅游消费中人际关系突出的特点

旅游产品的消费,绝大部分体现为旅游者对旅游部门提供的旅游服务的消费,从而决定了旅游消费中人与人直接接触的特点。在一般商品中,人的劳动价值物化在物质产品中,人与人的关系被具体的物所掩盖。而旅游产品中,人的劳动价值大部分以服务形式体现出来,旅游服务消费是通过人与人的直接接触实现的,旅游从业人员的衣着、容貌、服务态度及服务技能直接决定着旅游产品质量的高低,并直接影响着旅游者消费的满足程度。实践证明,如果旅游设施等物质条件欠缺,可有服务人员热情、诚挚、友好、周全的服务态度所弥补,而服务人员低劣粗暴的言行举止却无法用豪华的物质条件去取代,这充分说明人际关系在旅游消费中的突出地位。

(五)旅游消费具有互补性和替代性

旅游消费的综合性,使得构成旅游消费对象的各个部分具有互补的性质。例如,假设某旅行社接待了10名从桂林赴杭州的美国旅游者,这10名旅游者除了消费导游服务外,还要支付从桂林至杭州的交通费,在杭州必须支付住宿费、餐饮费、购物费等。因此,一项旅游消费的实现必然伴随着众多的其他项目旅游消费的产生,旅游消费这个特点要求有关部门互相配合,加强合作,以利提高经济效益。旅游消费的替代性,是指旅游消费对象每一构成部分之间的相互替代的性质。再如,某旅游者从甲地到乙地乘了飞机,就不会再乘火车、轮船。到了乙地后,若一个旅行社安排他旅游活动,他就不再会接受其他旅行社提供的导游服务。若他住进了度假旅馆,一般就不会再入住其他旅馆。由此可见,旅游消费中的替代性是十分明显的。而旅游者在选定某种成分以后,势必舍弃其他成分,因而这种替代性加剧了旅游业的竞争。

三、旅游消费的作用

旅游作为一种高级消费方式,对于促进人们全面发展,提高劳动力素质,提高劳动生产率和促进经济发展等,都具有重要的作用,主要表现在以下几方面:

(一) 旅游消费是社会再生产过程中的重要环节

消费是促进国民经济循环的动力,在生产、交换、分配和消费的四个环节中,生产是起点,消费是终点。如果把社会再生产看做是一个周而复始不断更新的过程,那么消费是第一个生产过程的终点,又是第二个生产过程的起点。

在科学技术高速发展,社会生产力不断提高的今天,人们在基本生存需要得到满足后,进一步产生了个人发展与享受需要的愿望。旅游是满足人们高层次发展需求的活动之一。

旅游消费不仅是旅游者对物质产品的消费,而且包括对精神产品服务的消费。通过消费,一方面使这些产品的价值和使用价值得到实现,另一方面对旅游所需的物质产品和精神产品的再生产提出了新的要求。生产和消费相互依存,互为前提,生产和消费相互创造了对方。旅游消费在社会再生产过程中的重要作用还表现在:旅游消费的扩大,不仅要求原有的旅游企业和部门进一步发展,要求增加一批新的旅游企业和部门,而且要求向旅游业提供产品和服务的其他部门和行业也要相应地发展,从而促进整个社会经济的繁荣。旅游消费的扩大,必然刺激社会多生产符合旅游者需求的旅游产品,开发更多的有吸引力的旅游资源,增设新颖健康的旅游项目,从而进一步推动旅游业自身的发展。

(二) 旅游消费是高质量劳动力再生产的创造因素

完成生产过程的两个重要因素是生产资料和劳动力。前者是生产条件的客观因素,后者则是保证物质资料再生产的必要条件,是生产过程中起决定作用的、最活跃的主观因素。劳动力再生产是物质资料再生产的先决条件,现代化大生产需要社会提供与之相适应的高质量、高水平的劳动力,要求劳动者具有专业技能,广博的文化知识,高度的主动性、敏捷性和创造性,以及健康的体魄和饱满的精力。为此,不仅需要满足劳动者基本生存的需要,不断改善劳动者的物质生活条件,还要大力发展德、智、体几方面的教育,以提高劳动者的品德及文化素质。旅游消费是一种潜移默化的思想品德及文化素质教育,能使人们陶冶身心、增进健康、开阔视野、增长知识,有利于高质量劳动力的再生产。近几年,一些经济发达国家已逐步把旅游消费作为劳动力再生产的一个促进因素而予以鼓励。旅游消费能使劳动者的体力和智能得到恢复和发展,激发劳动者的生产热情,使劳动者在各自工作岗位上全面地发挥自己的才能,从根本上提高社会的劳动生产力。

总之,旅游消费在促进人们全面发展,提高劳动力素质,提高劳动生产率和促进经济发展等方面都发挥着越来越大的作用。

(三)旅游消费是普及现代化生活设施的桥梁

旅游活动是一种娱乐性、享受性的消费活动,旅游服务的目的在于最大程度地满足旅游者精神发展和享受的需要。因此,旅游服务所凭借的物质资料,如交通工具、住宿条件、旅游设施设备等,都必须具有现代化程度高,以及舒适、方便、卫生、安全等特点。这些特点决定了在科学技术不断发展的情况下,生产中的某些民用新产品在其普及于人们日常生活之前,首先在旅游业的经营中被采用,例如空调机、微波炉、冰箱等等耐用消费品在家庭普及之初,已在旅游业中广泛运用。这些表明,旅游消费在普及现代化生活设施,转变人们的消费观念中起到了桥梁的作用。

(四)旅游消费是旅游产品价值得以实现的手段

旅游产品只有在消费中才能得到最后的完成。这是因为,第一,旅游消费是旅游产品生产的目的和对象。生产取决于需要,而需要的形成和发展,又在很大程度上取决于消费的发展,从某种意义上说,消费需要和消费水平决定了生产的发展方向和发展速度。第二,旅游消费是使旅游产品价值实现的最后行为。如果没有旅游消费,旅游产品就卖不出去,旅游产品的价值就不能实现,旅游经济的运行就难以顺利进行。第三,旅游消费又是对旅游产品的最终检查。如果旅游产品不符合消费需要,旅游产品就会滞销,旅游经济就不能顺利运转。因此,通过旅游消费还可以检验整个旅游经济结构是否合理,旅游经济效果是否理想,旅游业是否健康、持续地发展。

(五)旅游消费是实现旅游企业的收入

旅游消费是旅游企业实现其收入的本源,如果没有旅游消费,旅游企业就没有收入,旅游消费的多少决定着旅游企业收入的多少,所以,旅游消费额和人均旅游消费额也就成了衡量旅游经济效益的一个重要指标。

第二节 旅游消费的伦理考察

旅游者的消费需求不仅决定了产品导向,也决定着旅游产业的发展方向。旅游企业也好,旅游地也罢,"市场导向"已经成为当今旅游业发展的金科玉律。旅游者需要豪华舒适的享受,旅游地就必须提供相应的旅游服务设施;旅游者需要有异国情调的夜生活体验,旅游地就会提供酒吧、表演、赌博、色情场所,甚至"红灯区"。长期以来,我们一直致力于这种对旅游者权利的主张和辩护,而忽视对旅游者消费伦理的考察,这正是使旅游发展走向死胡同的深层原因。

有的人类学家把旅游称之为"现代朝圣",认为旅游与朝圣一样具有其神圣的含义。有的认为,旅游不是神圣的,而是世俗的,因为旅游本身包含了很多世俗的成分,如娱乐、游玩、享乐,即他们所谓的四个 S:太阳(sun)、沙滩(sand)、冲浪(surf)、性(sex)。旅游的世俗性特点带来很多社会问题,使人们的消费行为发生了很大的变化。

第一,旅游消费远离自己的熟悉环境,正常道德行为约束程度下降。由于旅游者不再受到原有的道德法规的约束,很容易做出违反道德道义的行为。一些旅游者不注意公共卫生,乱扔垃圾,随地吐痰吐口香糖,旅游景区内乱扔的垃圾频频出现,"某某到此一游"的低劣做法屡禁不止,攀爬建筑物古迹拍照经常可见,乱摸乱刻让文物伤痕累累,损花折枝伤害动物损坏旅游地公共设施的行为时有发生。还有的旅游者不守旅游地规定,在禁止摄像、拍照的地方仍然闪光灯四起,随意地横穿马路不守交通规则。一些游客时间观念淡薄因一人耽误全团的正常行程。另外国内游客不守公共秩序,凡事习惯争抢,在航班上争抢行李箱空位;乘坐汽车、地铁等运输工具时拥在门口争抢占座;入住酒店时拥在前台不按顺序登记;排队等候时伺机加塞插队等现象更是到处都是。

行业链接 5-1:"野蛮旅游"者有五大不良心理:

1."我已经花钱了"。这种心理认为自己是花钱买消费,花了钱就要玩得够本,所以在旅游中总怕自己吃亏,这个也要攀,那个也要上,生怕自己有什么地方没玩到,特别是对那些禁区,更是要想方设法光顾一回。

2."我今后不来了"。这种心理认为自己这辈子也许就到这儿旅游一次,这里今后怎么样与自己没关系,所以,不知道爱护这里的一草一木、一砖一瓦,临走时还要留下"到此一游"的纪念。

3."没有人认识我"。这种心理认为自己到公共场所旅游一般碰不上熟人,发生一些不文明行为也不会给自己造成什么影响,即使遭到别人的白眼也不用往心里去。

4."我看别人也这样"。这种心理认为别人怎么干自己也可以怎么干,但往往是不学别人的好处,专学别人的坏处。看见有人掐花,他就要折枝;看见有人插队,他就往前挤。

5."我没干啥犯法事"。这种心理认为自己在旅游中虽然行为不够文明,但是没有触犯法律,一不能罚款,二不能拘留,这就是他的底线。

"野蛮旅游"者应该明白,正是由于你的不文明行为,才破坏了旅游环境的和谐!(资料来源于新华网 2006 年 10 月 4 日)

第二,出现过度消费和超前消费情况。人们在旅游过程中往往会出现夸大消费行为,出现攀比心理,从而出现铺张浪费。旅游者大量地、无节制地消费物质财富,满足自己的需求和欲望。持这种消费观的人在休闲方式上不切实际地追求物质享受,强刺激、高消费,如赛车、桑拿、酒吧、吸毒、黄色消费增多等,而忽视了健康的文化娱乐。这种休闲消费是个人主义和享乐主义的生活方式,其重物欲、重经济价值与消费价值,追求个人功利与享受,既不健康也不合理,忽视甚至泯灭了人的精神品味与生命意味,从而完全失去了对自身各种需求的真切关注,失去了对自身的终极关怀,以至于在旅游消费中超出自己支付能力,甚至奢侈浪费的现象较为严重,造成资源的过度占用或使用,给旅游地社区和其他旅游者造成较恶劣的示范效应,同时也完全违背了旅游活动提升人类生活质量和品质的初衷。这种过度的旅游需求和旅游消费行为也给生态环境和自然资源带来了巨大的压力。

第三,旅游消费对目的地的影响。过分表现的旅游消费行为,促成了当地物价上涨,诱导了某些犯罪行为,没有做到有意识地造福当地居民。

我们的舆论工具也长期偏重旅游业从业人员的道德文明建设,对旅游者道德建设涉及不多,假以时日,易于给人们留下一种旅游者是"上帝"而

"上帝总是对的"、"花了钱干什么都有理"的扭曲印象。这种全民旅游意识养成的不健全,使我们的社会未能形成良好的旅游道德风尚。因此,加强旅游者的道德修养,对旅游者管理的重要措施是制定有效的游客负责任行为规范,提醒旅游者在旅游过程中,如何成功置换空间认识,让旅游经历变得充实愉快,使旅游者行为承担方方面面的责任。旅游者行为规范要充分考虑到两个与空间密切相关的要素。一方面,必须考虑旅游者自身空间存在的自然属性和社会属性;另一方面,必须考虑具体旅游目的地空间的自然属性和社会属性。两方面的出发点基本上是环境、文化和经济。

第三节 旅游消费伦理建设

旅游者社会公德建设对旅游业的发展具有推动作用和保护作用。这一方面体现在旅游者的消费是旅游业发展的动力,另一方面仅凭旅游消费者的需要发展、刺激旅游业,会导致"看山开发山,看海开发海"的局面。因此,旅游者高尚的情趣,健康的追求,是旅游业健康发展的一个因素。旅游者社会公德建设对旅游业发展的维护作用体现在,良好的公共生活秩序是旅游业发展的基础和手段,而良好秩序的维护,不单纯是旅游从业者的责任,对于游客来说也是一样。当旅游者置身于另一旅游环境中,就有了与此对话的权利,就是中心,是主人,你就对自然景观和人文景观的维护有着不可推卸的责任。就像你买了门票就有了欣赏的自由和权利,同时也就意味着你应有保护它不受侵犯的责任,而这恰恰是游人所常常忽视的。虽然"××到此一游"的低劣做法在国人的一片谴责声中,渐趋下降,但并未绝迹;尽管寺庙僧人有明确的告示"不得敲打法物",但还是有人熟视无睹,想摸就摸,想打就打;虽然"不随地吐痰"的公德意识已普及,但在佛教圣地也少不了它的污迹;青青林荫下,淳淳流水旁,也免不了"白色"污染。假如是我们自己的家园,我们一定会对它加倍爱护的。因此,对游客来说,要有主人翁责任感。游客虽是"客",这是相对于管理者而言,相对于人的行为而言,人永远是主体,永远是行为的主人,人应当对自己的行为负责,承担起维护旅游环境的责任。这实际上是社会公德在旅游景区的具体应用,旅游景区的场合性要求游人爱护旅游景区的一切设施。景区物化人文环境资源的共有性、历史性,决定了游客的起码道德规范是应当爱护景区人文环境。因为它是人类劳动的物化形式,积淀了历史精华,是公民共享的资源,应该受到我们的尊重和维护,缺乏社会公德的行为应该受到谴责和制止。

一、旅游非道德消费的危害

1. 缩短旅游产品生存周期

任何旅游产品的存在都不是永恒的,生存总是相对的。部分游客的非道德行为,直接加重了旅游资源的毁坏及旅游基础设施的提前损耗,加之旅游景区环境质量的下降等因素,使旅游地形象受到损害,众多旅游者在此难以建立应有的旅游印象,旅游产品吸引力逐步下降,游客日少,使该旅游产品提前进入衰退期。

2. 与旅游接待地民众的矛盾

旅游业的发展对旅游接待地社会的冲击是全方位的。旅游者的非道德行为易于引起当地居民的反感,深化与当地民众的矛盾。而旅游接待地民众的态度,又是现代旅游者选择旅游目的地的重要因素之一,故此双方这种对立矛盾对旅游业发展的损害是深远的。

3. 影响社会道德风习

当部分游客的非道德行为大行其道,不受处罚与谴责时,易于使其他一些道德修养不健全的游客误以为该种行为是正当允许的、可行的,从而诱发其从众行为,使旅游非道德行为呈现出行为增多、队伍扩大的趋势,从而败坏整个社会道德风习。有的家长在旅游时的一些不良表现,也有可能让孩子沾上一些陋习。

旅游本是一项高雅健康的休闲活动,而旅游过程中实际存在的诸多非道德行为,或许仅仅是个别现象,也未必引起公众的普遍关注,然而却如同一缕不和谐的音符,使本该赏心悦目的景致、富于教益的文物古迹、轻松愉快的旅程大为逊色,正应了"焚琴煮鹤"大煞风景这句老话。

首先,提高对道德建设的认识。21世纪,社会分工会更细,人们活动的领域更为宽广,活动方式更为多样,更需要用高尚的道德标准要求自己,规范自身行为。其次,弘扬中华民族的优秀道德传统。提倡古人的修身、慎独精神,使互爱、互助、互信、平等、自尊、自重、勤俭节约、诚信待人、说话算数、遵守时间、忠于职守等等成为美德和社会风尚,建立和谐、愉快、健康的人际关系。再次,大力宣传旅游的文化品位,引导人们正确进行文化消费。宣传要避免说教式的单向灌输,必须适应现代社会不同层次人群的思维方式,更多采用交互的方式、探讨的方式,让人们通过自己的选择实现精神上的升华。消费的引导也必须跟上时代的特点,符合现代人的需求,突出文化品位。

二、构建旅游消费伦理建设的措施

在重视发展生产力的同时,也要构建一种与人类生态安全、社会责任和精神价值相适应的新型消费伦理。它要求人们合理消费,这样的消费方式才能真正提高人的生活质量。确实是从人的需要出发,才能保护生态环境,节约资源,维护社会公平,实现可持续发展。因此,从以下几方面加强管理:

1. 加强舆论监督,倡导文明和谐旅游

个体道德的形成和发展渐次经历他律、自律和他律与自律统一三个阶段,他律是旅游道德发展的起始阶段。社会舆论的广泛性和外在强制性对旅游道德建设有着不可替代的作用,尤其是大众传媒如电视、广播、报纸、杂志及互联网,是旅游者道德建设的有效工具和手段。近年来,旅游者权益保护成为了社会舆论和大众媒体关注的焦点。保护旅游消费权益无可厚非,也是推动旅游健康发展的重要力量,但是"一边倒"的舆论导向,不一定全面客观公正。比如每年的"旅游黄金周",旅游投诉问题往往是各媒体的"兴趣点",但遗憾的是,很少有媒体涉及旅游者的道德问题,鲜见对旅游行为进行道德评价,更多的是关于旅游者消费权利的辩护,缺少关于旅游者义务和责任的宣讲。通过媒介倡导文明旅游、谴责不道德旅游行为,让旅游者和潜在的旅游者熟知什么样的旅游行为是对的,什么样的旅游行为不对,这既是旅游道德"他律"的基础,也是旅游道德内化到"自律"阶段的前提。

2. 健全管理制度,完善政府职能

首先,针对旅游消费的资源依赖性和异地性,转换消费主义的经济模式,推动循环经济的发展,在政府循环经济相关立法的指导下,明确把生态环境作为资源纳入政府的公共管理范畴;加强政府对旅游资源开发与利用的宏观调控,在旅游法的内容中建立和强化有利于循环经济发展的政策体系;充分发挥市场机制在推进循环经济中的作用,以经济利益为纽带,使循环经济具体模式中的旅游经济各个主体形成互补互动、共生共利的关系,实现环境资源的有效配置;建立新的旅游经济核算制度,将传统的旅游经济核算方法与现代绿色 GDP 等概念相结合,形成一整套完整的对旅游经济发展全面衡量的指标体系。在消费主义成为一种主导意识形态的今天,只有最大限度地扩展了旅游经济核算的接纳空间(如环境、资源等作为经济变量纳入成本计算之中),才能在根本上从供给的角度减少甚至杜绝对资源的过度利用和浪费。制度的作用在这里非常关键。其次,亚当·斯密说:"资本增加,由于节俭;资本减少,由于奢侈与妄为。一个人节省了多少收入,就增加了多少资本。"①旅游产业供求双方的复杂性和综合性本身就决定了要完成旅游消费需要多个生产部门和环节共同协作,一方面,各生产部门的投资与经营不能任意"妄为",要注意投入和产出的比例关系,努力形成规模经济的良性态势;另一方面,旅游消费主体如果能在各环节都注意以环保和绿色的原则约束自己,在不降低自己消费品质和旅游体验的同时,还能为生产经营部门和环节节约很多资本投入。如连续用房则提示酒店方不用更换床单和洗漱用具等,可有效地防止旅游消费的过度浪费,让"旅游消费就是享受型消费、奢侈型消费"的消费误区远离旅游者的旅行生活。只有这样,才能防止把所有东西商品化的倾向,弱化旅游消费主体"花钱就要享受"的消费理念,从而鼓励人们以不同的方式而不仅仅是消费的方式,去追求各个领域不同的"善"。可以说,制度的转变是能否克服消费主义的关键所在。

3. 强化社会公德意识,提高国民道德素养

社会公德是指人们在日常公共生活中所形成的和应当遵守的起码的行为准则。旅游者道德从某种意义上讲也就是旅游者公德,遵纪守法、相互尊重、互相关心、互相帮助、诚实守信、文明礼貌、遵守公共秩序等社会公德是旅游者道德形成和发展的基础。在旅游实践中我们都能观察和感受到,整体来看,来自文明程度较高的国家和地区的旅游者,往往能比较自觉地遵守旅游道德规范。

另外,要在全社会提倡古人修养"慎独"精神。旅游道德是社会公共道德的重要组成部分,在其社会塑造过程中,适宜提倡我国古人的"慎独"精神。所谓"慎独"是指人们在个人独处时,也要谨慎地按道德要求去行动、严于律己,重视小节,"勿以恶小而为之",它既是一种道德修养的方法,也是古人道德修养追求的极高境界,是我国优秀传统文化的组成部分。现实案例中,旅游非道德行为大多是旅游者独处时,或在一陌生群体环境中,忽视小节,自律意识不强时发生的,故有必要在社会公德尤其是旅游道德塑造中提倡"慎独"精神,重视个人自我修养。

4. 引导消费文化,提高旅游产品品位

针对旅游消费的复杂性和多样性,积极倡导建立一种健康和可持续旅游消费文化。这种文化把人们的消费注意力引向对家庭和社群活动的支持,对艺术和创造的追求,对教育和学习的热爱,以及对于自然的欣赏,并以

---

① (英)亚当·斯密:《国民财富的性质和原因的研究》(上),郭大力、王亚南译,商务印书馆1972年版,第310页。

修学旅游、乡村旅游、生态旅游、文化旅游等形式来践行这种文化,摒弃大众旅游发展过程中旅游消费主体"不切实际追求物质享受、强刺激、高消费"的倾向,变旅游消费为一种长期可持续的生活消费,而不是多年积蓄一次消费的奢侈性活动。因而,这种健康和可持续的旅游消费文化是一种能够持续无数代人的生活方式。"诚然,未有节俭以前,须先有勤劳,节俭所积蓄的物,都是由勤劳得来。但是若只有勤劳,无节俭,有所得而无所贮。"①亚当·斯密甚至认为:"奢侈者所为,不但会陷他自身于贫穷,而且将陷全国于匮乏。"②直接的旅游消费受到限制,须有越来越多的人摒弃物质主义的价值观和人生观,这并不是要求人们变得大公无私,他们仍然可以合理地追求旅游对身心的放松,但如果他们的偏好不再是享乐主义的,那么物质需求将会大大减少。如果他们不再注重用物的形式来标识自我价值,地球的生态压力便会大大减轻。相信只要让越来越多的人意识到过度消费对于环境、对于幸福的无益,他们就能够并愿意转变他们的生活方式,从而使旅游消费不再是一种"高档次"的消费,而成为一种高尚的消费。

5. 倡导适当的旅游行为

由于旅游消费的异地性使得旅游消费的完成必然会与旅游目的地所在社区及其原住民发生联系。一方面,旅游消费主体的行为可能会影响到原住民的日常生活;另一方面,旅游消费主体的行为也可能成为旅游目的地原住民的示范。节约不仅包括对资源的节约,而且包含对生活的节俭。资源的节约是对大自然的尊重,节俭不仅是对他人劳动的尊重和珍惜,而且是每一个人自我尊重的表现形式。虽然说在一个提倡和尊重个人自由的社会里,每一个人有自主支配自己的收入和消费的自由权利,但他在消费上的表现是节俭还是奢侈,表明了其对他人和自己是采取尊重的还是蔑视的道德态度,体现了他的人生境界的高低。就每一个体通过节俭而使自己生存于社会的普遍联系之网中而言,他的奢侈必然受到社会的道德谴责,其节俭必然得到社会的道德认可和鼓励。当旅游消费主体的消费行为变得量力而行且处处体现节约原则时,这种消费行为将对旅游目的地社区的原住民特别是青少年形成良好的示范作用,其社会效应是不可低估的。同时由于旅游

---

① (英)亚当·斯密:《国民财富的性质和原因的研究》(上),郭大力、王亚南译,商务印书馆1972年版,第310页。

② (英)亚当·斯密:《国民财富的性质和原因的研究》(上),郭大力、王亚南译,商务印书馆1972年版,第312页。

消费行为本身对"节约"的践行，对旅游目的地社区的影响特别是对社区原住民的影响可能会减少到最低程度，还社区以本来面目，还原住民的生活以本来面目。

在越来越多旅游者进入旅游目的地之后，当地居民对旅游者的偏见甚至误解越来越深。多克斯（Doxey，1975）认为，当地居民或称为旅游目的地的主人会改变他们对旅游者的态度，在当地居民态度改变过程中通常有许多阶段。多克斯进一步指出，当旅游者第一次访问时，他们通常被异常兴奋地问候，甚至是许多次反复地问候。然而随着旅游者人数的增长，当地居民对旅游者的态度将发生变化，从冷漠、烦恼最后到明显的改变。只有在制度、文化和行为层面上，通过由伦理规范——伦理教育——伦理习惯——伦理行为等环节共同构成的对旅游者个体旅游行为的约束，尽可能避免旅游者因自己的不良行为对旅游目的地社区及其居民的正常生活的干扰甚至破坏，才能在旅游业发展给当地社区带来有益的经济效益和社会文化效益的同时，弱化并逐渐消除其负面效应，使旅游者最终能够得到社区及其原住民的接纳和认可。如丽江古城，由于大量旅游者的进入和大量迎合旅游者消费行为的经营场所的开设，使得原住民不堪其扰纷纷迁出古城，而古城也因此失去了"灵魂"。如旅游消费行为主体都能在远离自己惯常生活环境的异地以同样严格的道德行为准则要求自己，则可弱化旅游活动的负面影响，与旅游目的地社区及其原住民和谐相处。

思考题：
1. 旅游消费的特点是什么？
2. 旅游消费的作用是什么？
3. 旅游非道德消费有哪些危害？
4. 在当今社会，怎样进行旅游消费伦理构建？
5. 作为旅游从业人员，如何正确引导旅游消费？

第六章 旅游从业人员的伦理规范

道德作为社会意识形态是指调节人与人、人与自然之间关系的行为规范的总和。伦理，从本质而言，是对人性、人伦关系及结构等问题的基本原则的概括。

伦理与道德是有着显著区别的两个概念，伦理范畴侧重于反映人伦关系以及维持人伦关系所必须遵循的规则，道德范畴侧重于反映道德活动主体自身行为的应当。伦理是客观法，是他律的，道德是主观法，是自律的。

第一节 生活伦理

一、勤俭自强

1. **勤奋**：西班牙小说家塞万提斯说过："不要睡懒觉，不和太阳一同起身就辜负了一天……勤奋是好运之母，反过来，懒惰就空有大志，成不了事。"富兰克林说过："懒惰像生锈一样，比操劳更能消耗体力，经常用的钥匙，总是亮光闪闪的。""勤勉就是不浪费时间，每时每刻做些有用的事，戒掉一切不必要的行动。"达·芬奇说过："勤劳一日，可得一夜安眠；勤劳一生，可得幸福长眠。"乔·雷诺兹说："如果你富有天资，勤奋可以发挥它的作用；如果你智力平庸，勤奋可以弥补它的不足。"

勤奋是懒惰的反义词，是成功的基础，是传统的美德。勤奋，一是脑勤，二是体勤。最宝贵的勤奋，不但是肉体上的勤奋，而且是精神上的勤奋，勤奋靠的是毅力。青年人在人生之初就应养成一个勤劳的习惯，在思想和行为上摒弃懒惰。懒惰的心理主要有如下表现：一是思想方面的懒惰。懒惰的人常有明日复明日的思想，明知道这件事应该今天完成却总期待着能够明日去做。二是行动方面的懒惰。思想上的懒惰必然导致行动上的懒惰。懒惰的人明明知道某件事应该做,甚至应该马上做,却迟迟不做,或硬挺过去。做事时总是无精打采、懒懒散散、拖拖拉拉,做事不积极、不主动、不勤奋。

懒惰是成功的绊脚石,在充满困难与挫折的人生道路上,懒惰的人习惯等、靠、要,最终只能一事无成,因此要努力克服懒惰的习惯。

2. 节俭:节俭是一种智慧,是从长计议、积弱变强的勤谨韬略,是一种乐天豁达的生存技巧。节俭又是一种美德,是面对任何困难都能够坚守克己的心态;是无论贫富都懂得珍惜,知道财富来之不易的感恩情怀。日子富裕不等于可以随意挥霍,资源充足不等于永远取之不尽。财富可以创造,财富也需要节俭。这个世界上没有免费的午餐,永远不要走捷径!因此要勤劳节俭,珍惜生活。

二、耐心谨慎

1. 审慎:是指小心翼翼的明智的行为,仔细慎重,为人审慎,力求审慎,避免错误。在关心个人的健康、财富、地位和名誉之外,指向更加崇高和伟大的目标时,经常被恰如其分地称为审慎。人可以不聪明,但不可以不细致。细节决定命运,注重小节很重要。一般说来,健康、财富、地位和名誉是舒适幸福生活的主要保障,对它们进行关注,正是审慎这种美德的恰当职责。审慎的人习惯于认真学习他需要的一切知识,这不仅是为了向别人炫耀。他说起话来朴实谦逊,而且讨厌妖言惑众和夸夸其谈。他永远不想结党营私,拉拢小帮派对自己的支持。审慎的人永远是真诚的。他害怕谎言被揭发和因此带来的羞辱。虽然他说话时是真诚的,但并不是永远直言无忌。他从来不说谎,但在无礼的要求下也不会贸然地吐露真情。他行为小心谨慎,所以言谈都有所保留,从不莽撞、贸然地发表对其他人或事的看法。

2. 耐心:"苦心人,天不负,卧薪尝胆,三千越甲可吞吴","有志者,事竟成,破斧成舟,百二秦关终属楚"。德国谚语说:耐心是一株很苦的植物,但果实却十分甜美。法国谚语说:心和持久胜过激烈和狂热。这都是对耐心的肯定和赞扬,耐心是指心里不急躁,不厌烦,能坚持完成一件可能十分烦琐无聊的事。耐心是一种品质,是一种苦心经营的等待。

三、谦逊内敛

"谦受益,满招损","虚心竹有低头叶,傲骨梅无仰面花",这是流传千年的古训。古人还说,"大巧若拙,大辩若讷,大勇若怯,大智若愚","百尺竿头,还要更进一步",并视之为美德。经验告诉我们:做人做事谦逊低调,是人的一种本分,不刻意显示自己,这既是一种人生境界,也是处事和人格魅力。谦逊可以使一个人从平凡走向辉煌,而狂妄则往往使一个人从巅峰滑向深渊。

古今中外的名人、伟人,凡有成就的人都是胸怀大志且谦逊的人。物理学家、数学家、天文学家牛顿有一句名言:"我不知道人家怎样看我,但是在我自己看来,我就像一个在海滩上的小孩子,偶尔拾到一片较为光滑的圆石,而真理的大海我并未发现。"毛泽东同志说得好:"谦虚使人进步,骄傲使人落后。"他在我国新民主主义革命取得胜利的时候,又说,"这只是走完了万里长征的第一步",明确了革命虽然已经取得了伟大胜利,但是还有更艰巨的任务等待去完成。高尔基说过:"智慧是宝石,如果用谦虚镶边,就会更加灿烂夺目。"

真正有修养的人就像田野上的麦穗。麦穗空瘪的时候,它总是长得很挺,高傲地昂着头;麦穗饱满而成熟的时候,它总是表现出温顺的样子,低垂着脑袋。任何一个人,即使他在某一方面有很深的造诣,也不能够说他已经彻底精通,完美无缺了。生命有限,知识无穷。宇宙是无边无际的,事物的发展是无穷无尽的,人们对世界万事万物的认识也是无边无底的,谁也不能够认为自己已经达到了最高境界而停步不前、趾高气扬。

不谦逊、喜欢张扬的人,最突出的特点是盛气凌人,傲慢自负,自我感觉良好。他们也许某一方面高人一等,优人一招,先人一步,或者并无过人之处,只是虚张声势,故弄玄虚罢了。这些人表现在学习上,喜欢吹嘘自己的博学多知,一知半解,却夸夸其谈。表现在工作上,喜欢凡事必称大,满足搞大动作,求大效应;有些事还没做,就开始说大话,刚刚干出一点成绩,就心浮气躁,到处张扬。这样的人,虽然容易引起他人的注意,也许能慷慨一时,开怀一时,求名一时,得力一时,但往往行之不远,登之不高,终究做不成大事。

有一位智者曾说过这样几句话:"对上级谦逊,是一种本分;对平级谦逊,是一种和善;对下级谦逊,是一种高贵;对所有人谦逊,是一种安全。"很平常的几句话,却能悟出很深的哲理。但要做到这一点,是很不容易的。它需要有深厚的内功作支撑,只有一个人的知识、阅历、素质、修养达到足够的积淀时,才能做到不说张扬语,不干张扬事,不逞张扬能。为人谦逊内敛不张扬,并不等于消沉、保守。张扬本身,是很有自信,在他们的内心深处蕴藏着勃勃生机和无限活力,处于低谷不颓废,遇到困难不退缩,一帆风顺不得意,成绩面前不炫耀,永远保持踏踏实实、平平常常、自自然然的生活和格调,以成熟、理性、豁达、自重、睿智处世做事。

　　每个人都有属于自己的人生之路,但有些做人的真谛是放之四海而皆准的,那就是谦逊。一个人要做到谦逊,既要开阔视野,胸怀大志,提升自身的人格修养,又要常怀一颗平常心,无论在什么情况下,摆正个人与群体的位置,严于律己,宽以待人,尊重他人,对个人的名利、荣辱看得淡一些,超脱一些,像古人说的那样,"去留无意,看庭前花开花落;宠辱不惊,望天上云卷云舒",得意时淡然,失意时坦然,高调做事,低调做人。只有做到这一点,你才能在前进的道路上不断增加新的动力,促使你的事业圆满成功,从而实现你的理想人生。

四、终身学习

　　1.学习贯穿人生各个时段:人在一生中都需要发展,因而人总在自觉地或不自觉地进行有意识的或无意的学习。人处在一个动态发展的社会环境中,信息技术的发展使社会变迁的速度更快,社会对人在社会中生存应具有的整体素质要求也在变动之中。

　　人的一生是一个逐步成长的过程,从出生之始,就开始了各种形式的学习活动。每个人在人生的不同阶段承担不同的社会角色,有不同的发展任务。人在一生中都面临着生物的发展、认知的发展、情感的发展和社会发展。仅就其职业生涯而言,也有转换、升迁、失业等问题。此外,个性、潜能、情感在人的一生中总在发展、变化。人又生活在动态的社会环境中,社会和人都在变化,人要适应社会变化,要促进社会发展,要与社会在动态中达到平衡,学习必然会贯穿于人一生的全过程。

　　2.珍惜时间:"一寸光阴一寸金,寸金难买寸光阴。""人生有涯"将时间管理与人的生命相提并论。孔老夫子:"逝者如斯夫,不舍昼夜!"彼德·德鲁克说:"时间是最高贵而有限的资源。"时间管理是有效的运用时间,降低变动性。时间管理的目的是决定该做些什么,什么事情不应该做。时间管理最重要的功能是透过事先的规划,作为一种提醒与指引。

第二节　交往伦理

　　戴尔·卡耐基的《成功之路》及吉米·道南与约翰·麦克斯韦尔合著的《成功的策略》都导出同一条公式:个人成功=15%的专业技能+85%的人际关系和处世技巧。因此,通过人际交往活动,在交往中获得友谊,是大学生适应新的生活环境的迫切需要,是从"依赖于人"转变为"独立"的人的迫切需要。大学生如果能掌握基本礼仪规范及知识,掌握基本的交往技巧,遵循相互尊重、诚信真挚、言行适度、平等友爱等原则,就能很快与交往对象建立起和谐、良好的人际关系。

一、仁爱、礼仪

孟子提出"仁、义、礼、智",董仲舒将其扩充为"仁、义、礼、智、信",后称"五常"。这"五常"贯穿于中华伦理的发展中,成为中国价值体系中的最核心因素。由于在上一章中"义"与"信"已经有所阐释,这里不再赘述。主要谈谈关于仁爱、礼仪对人生活的影响。

1. 仁爱

在中国传统伦理思想中,仁是儒家道德思想的核心,是最高的道德原则,"仁者,爱人",要求社会生活中每一个人从"爱人"出发去处理人际关系,达到人和。仁爱就是对他人的同情、关心和爱护。在社会人众多的复杂关系中,心中充满爱心,如孔子说:"躬自厚而薄责于人,则远怨矣。""宽则得众"一语道破了"躬自厚而薄责于人"的好处就是得了民心,求了人和,"己所不欲,勿施于人"。《周易·坤·象传》说:"地势坤,君子以厚德载物。"意思就是说大地是一个伟大的无私的奉献者,它默默地奉献出一切,给万物以勃勃生机,这是一种包容一切的爱,要求人应像大地一样兼容并蓄,包纳万物。儒家谈到如何处理人际关系时,特别强调了宽以待人,亦是君子厚德载物精神的外化。孔子讲"温、良、恭、俭、让",讲"无怨",也是指宽容敦厚。"无度非君子,量小不丈夫","宰相肚里能撑船",这些民谚、格言都揭示了我们这个民族崇尚宽容的精神,是中华民族爱人、爱生命、爱自然的传统美德的体现,对于营造爱、建立和谐的关系,具有一定的启发意义。

2. 礼仪

礼,与仁互为表里,仁是礼的内在精神,重礼是"礼仪之邦"的重要传统美德。"明礼"从广义说,就是讲文明;从狭义说,作为待人接物的表现,谓"礼节"、"礼仪",作为个体修养涵养,谓"礼貌",用于处理与他人的关系,谓"礼让"。这些已经成为一个人、一个社会、一个国家文明程度的一种表征和直观展现。

"礼之用,和为贵",其价值取向为"和谐"。"礼"经过长期的发展,内化为修己之道,外化为治国之道,在强调人格的自我完善的基础上,致力于人际关系的统一和谐,进而序化社会。"礼"这一伦理价值观念已成为中国传统交际文化的主导。中国传统交际理论认为"君子有礼,则外谐而内无怨","不学礼,无以立"。荀子把礼作为最高的道德原则,强调"人无礼则不立,事无礼则不成,国家无礼则不宁",可见礼仪在人际生活中的重要性。

二、真诚、尊重

我们最强烈的愿望往往是在生活圈子里获得名誉和地位,受人尊敬。我们在自己圈子里的地位和声誉,很大程度上是我们的品质和行为的结果。软与硬是相对而言的,专业的技术是硬本领,善于处理人际关系的交际本领则是软本领。"世事洞明皆学问,人情练达即文章",进行交往伦理教育相互尊重的目的就是要在旅游者与这些"陌生人"之间营造出相互尊重和相互信任的氛围,建立平等互助的新型人际关系,促进旅游经济和社会道德的发展。相互尊重、相互关心、以礼相待、融洽和谐的人际关系是交往伦理的重要原则。

三、合作、沟通

一个人能够与他人准确、及时地沟通,才能建立起人际关系,而且是牢固的、长久的。进而能够使得自己在事业上左右逢源、如虎添翼,最终取得成功。

石油大王洛克菲勒说:"假如人际沟通能力也是同糖或咖啡一样的商品的话,我愿意付出比太阳底下任何东西都珍贵的价格购买这种能力。"由此可见沟通的重要性。人与人的交流、沟通如果不顺畅,就不能将自己真实的想法告诉给对方,会引起误解或者闹笑话。与人的交往,就是一个反复沟通的过程,沟通好了,就容易建立起良好的人际关系;沟通不好,闹点笑话倒没什么,但因此得罪人、失去朋友,就后悔莫及了。

例如有个小故事:有一个人请了甲、乙、丙、丁四个人吃饭,临近吃饭的时间了,丁迟迟未来。这个人着急了,一句话就顺口而出:"该来的怎么还不来?"甲听到这话,不高兴了:"看来我是不该来的?"于是就告辞了。这个人很后悔自己说错了话,连忙对乙、丙解释说:"不该走的怎么走了?"乙心想:"原来该走的是我。"于是也走了。这时候,丙对他说:"你真不会说话,把客人都气走了。"那人辩解说:"我说的又不是他们。"丙一听,心想:"这里只剩我一个人了,原来是说我啊!"也生气地走了。

沟通作为一个重要的人际交往技巧,在日常生活中的运用非常广泛,其影响也很大。可以说,人际矛盾产生的原因,大多数可归于沟通不畅。在国与国的交往中,特别强调"增加共识",实际上就是多进行有效的沟通。还有,人最怕的就是被冤枉,冤枉是怎么产生的?就是因为沟通不畅或者沟通错误。

由此可见,如果一个团队能够沟通顺畅,上下合力,所爆发出来的力量是上帝都害怕的。所以沃尔玛公司总裁沃尔顿说:"如果你必须将沃尔玛管理体制浓缩成一种思想,那就是沟通。因为它是我们成功的真正关键之一。"

现代社会,不善于沟通将失去许多机会,同时也将导致自己无法与别人的协作。你我都不是生活在孤岛上,只有与他人保持良好的协作,才能获取自己所需要的资源,才能获得成功。要知道,现实中所有的成功者都是擅长人际沟通、珍视人际沟通的人。

当然,在沟通中也应注意一些技巧:善用询问与倾听。在与人交往的时候,多听少说。这就是上帝为什么给我们一个嘴巴两个耳朵的原因。相信自己,不卑不亢;理解对方,并作出回应;适时地告诉对方你的想法。一定要抱有一颗真诚的心,这是沟通中最重要的技巧。

四、宽容、理解

孔子的学生子贡曾问孔子:"老师,有没有一个字,可以作为终身奉行的原则呢?"孔子说:"那大概就是'恕'吧。""恕"用今天的话来讲,就是宽容。

自古至今,宽容被圣贤乃至平民百姓尊奉为做人的准则和信念,已成为中华民族传统美德的一部分,并且被视为育人律己的一条光辉典则。宽容是一种豁达的风范,也许只有拥有一颗宽容的心,才能面对自己的人生。

宽容也是一种幸福,我们饶恕别人,不但给了别人机会,也取得了别人的信任和尊敬,我们也能够与他人和睦相处。宽容,是一种看不见的幸福。宽容更是一种财富,拥有宽容,是拥有一颗善良、真诚的心。这是易于拥有的一笔财富,它在时间推移中升值,它会把精神转化为物质,帮助我们在工作中通行,选择了宽容,其实便赢得了财富。

一位哲人说过一番耐人寻味的话:天空收容每一片云彩,不论其美丑,故天空广阔无比;高山收容每一块岩石,不论其大小,故高山雄伟壮观;大海收容每一朵浪花,不论其清浊,故大海浩瀚无比。

哲人之言无疑是对宽容最生动直观的诠释。跟别人相处的时候,我们要记住,和我们来往的不是逻辑的人物,而是充满感情的人物,是充满偏见、骄傲和虚荣的人物。在人生的道路上能谦让三分,即能天宽地阔,消除一切困难,解除一切纠葛。对于别人的过失,必要的指责无可厚非,但能以博大的胸怀去宽容别人,以宽容之心度他人之过,就会让世界变得更精彩。

启迪故事之一:痛苦和盐

　　印度有一个师傅对于徒弟不停地抱怨这抱怨那感到非常厌烦,于是有一天早上派徒弟去取一些盐回来。当徒弟很不情愿地把盐取回来后,师傅让徒弟把盐倒进杯里喝下去,然后问他味道如何。徒弟吐了出来,说:"很苦。"师傅笑着让徒弟带着一些盐和自己一起去湖边。

　　他们一路上没有说话。

　　来到湖边后,师傅让徒弟把盐撒进湖水里,然后对徒弟说:"现在你喝点湖水。"徒弟喝了口湖水。师傅问:"有什么味道?"

　　徒弟回答:"很清凉。"

　　师傅问:"尝到咸味了吗?"

　　徒弟说:"没有。"

　　然后,师傅坐在这个总爱怨天尤人的徒弟身边,握着他的手说:"人生的苦痛如同这些盐有一定数量,既不会多也不会少。我们承受痛苦的容积的大小决定痛苦的程度。所以当你感到痛苦的时候,就把你的承受的容积放大些,不是一杯水,而是一个湖。"

　　启示:人生的苦痛如同这些盐有一定数量,既不会多也不会少。我们承受痛苦的容积的大小决定痛苦的程度。所以当你感到痛苦的时候,就把你的承受的容积放大些,不是一杯水,而是一个湖。学会宽容,也是保护自己。

启迪故事之二:钉子

　　有一个男孩有着很坏的脾气,于是他的父亲就给了他一袋钉子,并且告诉他,每当他发脾气的时候就钉一根钉子在后院的围篱上。第一天,这个男孩钉下了 37 根钉子。慢慢地每天钉下的数量减少了。他发现控制自己的脾气要比钉下那些钉子来得容易些。

　　终于有一天这个男孩再也不会失去耐性乱发脾气,他告诉他的父亲这件事,父亲告诉他,现在开始每当他能控制自己的脾气的时候,就拔出一根钉子。

　　一天天地过去了,最后男孩告诉他的父亲,他终于把所有钉子都拔出来了。

　　父亲握着他的手来到后院说:"你做得很好,我的好孩子。但是看看那些围篱上的洞,这些围篱将永远不能恢复成从前。你生气的时候说的话将像这些钉子一样留下疤痕。如果你拿刀子捅别人一刀,不管你说了多少次对不起,那个伤口将永远存在。话语的伤痛就像真实的伤痛一样令人无法承受。"

启示:人与人之间常常因为一些彼此无法释怀的坚持,而造成永远的伤害。如果我们都能从自己做起,开始宽容地看待他人,相信你一定能收到许多意想不到的结果,帮别人开启一扇窗,也就是让自己看到更完整的天空。

第三节 精神伦理

一、勇敢、自信

1. 充满勇气:调查表明:人们担忧的事情40%从未发生过;30%的忧虑是过去发生过的事情,是无法改变的;12%的忧虑集中于别人出于自卑感而作出的批评;10%的忧虑是那些琐碎的事情;只有8%的忧虑可以列入"合理"范围,而这8%当中有4%的事情是完全不能控制的。以上这些数据说明,引起害怕的十个问题中真正值得担忧的平均还不到一个。

为了尝试去做,你应该清楚地认识到:没有人一生从不失败。失败是难免的,重要的是不要空耗时间和精力去回避失败,而是集中精力应付,反败为胜。每个向往成功,不甘沉沦者,都应该牢记一位哲人说过的名言:"每个人都有大于自身的力量。不是因为有些事情难以做到我们才失去信心,而是因为我们失去了自信,有些事情才显得难以做到。"我们每个人都是一座金矿,关键是如何挖掘自己。曾经有人谈起过温州人的成功,说了这么三个字"胆子大"。这其实就是胆识,而拿得起,放得下,就是魄力。

2. 尝试去做:麦克斯韦尔定律:任何事情都看似很难,实质不难,任何事情都比你预期的更令人满意,任何事情都能办好,而且是在最佳的时刻办好。许多我们害怕的事,难就难在走出第一步。第一步所需要的决心、勇气和力量,超过了事情顺利进行中的一切作为。就像飞机升空,需要巨大的动力,而平稳飞行时,只需要较小的动力维持即可。

3. 不要自傲和自卑:你可以说自己是最好的,但不能说自己是全校最好的、全国最好的、全世界最好的,所以你不必自傲;同样,你可以说自己是班级最差的,但你能证明自己是全校最差的吗?能证明自己是全国最差的吗?所以不必自卑。自傲和自卑都是自信的两个极端,因此在培养自信的过程中,要避免这两种情绪的出现。

启迪故事之一：当相信时，它就会发生

在美国，有个名叫亨利的身世不详的青年，他已经三十多岁了，却依然一事无成，整天只会坐在公署里唉声叹气。有一天，他的一位好友兴高采烈地找到他："亨利，我看到一份杂志，上面有一篇文章讲的是拿破仑的一个私生子流落到美国，而他独生子的特征几乎和你一样：个子很矮，讲的是一口带有法国口音的英语……"亨利半信半疑，但是他愿意相信这是事实。在他拿起那份杂志琢磨半天之后，他终于相信自己就是拿破仑的孙子。之后，他对自己的看法竟完全改变了。以前，他自卑自己个子矮小，而现在他欣赏自己的正是这一点："个子矮有什么关系！当年我爷爷就是以这个形象指挥千军万马的。"过去，他总认为自己英语讲不好，而今他以讲一口带有法国口音的英语而自豪。每当遇到困难时，他总是这样对自己说："在拿破仑的字典里没有'难'这个字！"就这样，凭着自己是拿破仑孙子的信念，他克服了一个又一个困难，仅仅三年，他便成为一家大公司的总裁。后来，他派人调查自己的身世，却得到了相反的结论，然而他说："现在，我是不是拿破仑的孙子已经不重要了，重要的是，我懂得了一个成功的秘诀，那就是：当我相信时，它就会发生！"读这个故事那年，我读高二，且是第二学期。对于能否上大学，我并没有信心，因为此前的我一直沉浸在自己身体有缺陷的阴影里。

启迪故事之二：一样的故事，不一样的结局

从前有两只小青蛙，溜到农民的房子里玩，它们站到一个坛子沿儿上跳舞时，不小心掉到里面。里面装的是黏糊糊的油，它们想跳出来，油太黏，想爬出来，壁太滑。几经尝试，没有结果。

故事的结局一：青蛙A边游边想，看来今天是没希望了，怎么也出不去了，反正也没希望了，还游什么呢？这样想着，四肢越发划不动。而青蛙B呢，想到今天真糟糕，怎么都出不去可还是继续游游看吧，也许会找到办法。四肢虽然很累了，可它还是坚持游着。边游边想，只要还有力气，不管怎样，我都要游下去。就在它几乎划不动的时候，后脚碰到了坚实的固体。原来，黄油在青蛙B的不停搅动下，凝固了。后来，青蛙B踩在黄油上跳出了坛子，独自回家了。

故事的结局二：两只青蛙还没有等到黄油变成固体，就累死在坛子里，两个哲学家为此而争执。甲说："的确，它们都死了，但在直到死亡的那一刻，青蛙A是悲哀而绝望的，而青蛙B是充实的，至少是不悲哀的，不绝望

的,因为它没有时间悲哀与绝望。"我们每个人的结局难道不都是一样的吗? 人与人的不同往往在于过程的不同。

　　故事的结局三:青蛙 A 疲惫地划动着四肢,青蛙 B 还在奋力游,它想虽然现在情况很糟糕,但我还要做些什么,它游到 A 的旁边,发现 A 四肢的动作缓慢而机械,一副听天由命的样子,它对 A 说:"我们两个排成队,我在前边,你在后边,动作一致,然后我们互换位置,这样就能节省很多体力。"A 在它后面,按照它的方式游,果然轻松了许多。B 边游边说:"我从来没有在油里游过,今天算是知道了其中的滋味,这倒是健美的好方法。如果每天都在里面游一刻钟,我们就能成为最健美的青蛙。"说着说着,还唱起它们最喜欢的"呱呱"歌,A 不由得忘记了疲劳,一同唱起来。农妇循着歌声发现了它们,轻轻地把它们捞起来,洗干净,送它们回家。

　　启示:人生最重要的是什么呢? 人格的核心是自信,自信使人渡过一个又一个难关。强调信念的力量,深窥自己的心,而后发觉一切的奇迹在你自己,信念是战胜困难的勇气! 并不是因为某些事难以做到,令我们失去信心;而是因为我们失去了信心,有些事才看起来很难做到。

二、积极、热忱

　　在人的一生中,做得最多和最好的那些人,也就是那些成功人士,必定都具有这种能力和特点。即使两个人具有完全相同的才能,必定是更具热情的那个人会取得更大的成就。热忱一方面是一种自发力量,同时又是帮助你集中全身力量去投身于某一事情的一种能源。

　　成功学创始人拿破仑·希尔指出,若你能保有一颗热忱之心,那是会给你带来奇迹的。

　　一个浓雾之夜,当拿破仑·希尔和他母亲从新泽西乘船渡江到纽约的时候,母亲欢叫道:"这是多么令人惊心动魄的情景啊!"

　　"有什么出奇的事情呢?"拿破仑·希尔问道。

　　母亲依旧充满热情,"你看呀,那浓雾,那四周若隐若现的光,还有消失在雾中的船带走了令人迷惑的灯光,那么令人不可思议"。

　　或许是被母亲的热情所感染,拿破仑·希尔也着实感觉到厚厚的白雾中那种隐藏着的神秘、虚无及点点的迷惑。拿破仑·希尔那颗迟钝的心得到了一些新鲜血液的渗透,不再没有感觉了。

　　母亲注视着拿破仑·希尔,"我从来没有放弃过给你忠告。无论以前的忠告你接受不接受,但这一刻的忠告你一定得听,而且要永远牢记。那就是：世界一直就有美丽和兴奋的存在，她本身就是如此动人、如此令人神往，所以，你自己必须要对她敏感，永远不要让自己感觉迟钝、嗅觉不灵，永远不要让自己失去那份应有的热情"。

拿破仑·希尔一直没有忘记母亲的话，而且也试着去做，就是让自己保有那颗热忱的心，有那份热情。热忱不能只是表面功夫，必须发自一个人的内心，若假装也不可能持续多久。产生持久的方法之一是定出一个目标，努力工作去达到这个目标，而在达到这个目标之后，再定出另一目标，再努力去达成。这样做可以提供兴奋和挑战，如此就可以帮助一个人维持热忱于不坠。

拿破仑·希尔提出增强热忱的几个步骤：

1. 为人充满活力

你热心不热心或有没有兴趣，都会很自然地在你的行业上表现出来，没有办法隐瞒。跟某个人握手时要紧紧地握住对方的手说："我很荣幸能认识你。"或"我很高兴再见到你。"那种畏畏缩缩的握手方式，真的还不如不握。只能使人觉得"这家伙死气沉沉，半死不活"。要想找出以这种方式握手的成功人士，不知要等到何年何月。

微笑也要活泼一点，眼睛要配合你的微笑才好。当你对别人说"谢谢你！"的时候，也要真心实意地说。你的谈话要生动吸引人。著名的语言学权威班得尔博士，在他的一本书《如何使你的谈吐高雅宜人》中提到："你说的'早安！'是不是让人觉得很舒服？你说的'恭喜你！'是不是出于真心呢？你说'你好吗？'时的语气是不是让人很高兴呢？一旦当你说话时能自然而然渗入真诚的情感，就已经拥有引人注意的良好能力了。"说话自信的人都会受到欢迎。当你说话很有活力时，你自己也会变得很有活力。请你试试看，大声说："我今天很痛快！"说话时是不是感觉比先前更舒服一点呢？你必须时时刻刻活泼有力才能成功。

2. 做事充满热情

在你不得不做某件事情的时候，深入发掘你的题目，研究它、学习它，和它生活在一起，尽量搜集有关它的资料。这样做下去就会不知不觉地使你变得更为热忱。多年来，拿破仑·希尔对于现代画一直没有好感，认为它只是由许多乱七八糟的线条所构成的图画而已。直到经一个内行的朋友开导以后，拿破仑·希尔才恍然大悟："说实在的，有了进一步的了解后，才发现它真得那么有趣，那么吸引人。"这个练习是帮助你建立"对某种事物的热心"的关键，那就是：想要对什么事热心，先要学习更多你目前尚不热心的事。了解越多,越容易培养兴趣。所以下次你不得不做什么时,一定要应用这项原则,发现自己不耐烦时,也要想到这个原则。只有进一步了解事情的真相,才会挖掘出自己的兴趣。

3. 保持积极心态

人与人之间只有很小的差别,但这种很小的差别却往往造成巨大的差异,很小的差别就是所具备的心态是积极的还是消极的,巨大的差异就是成功与失败。也就是说,心态是命运的控制塔,心态决定我们人生的成败。我们生存的外部环境也许不能选择,但另一个环境,即心理的、感情的、精神的内在环境,是可以由自己去改造的。成功的不一定都是企业家、领袖人物。成功是指在方方面面取得的成功,其标志在于人的心态,即积极、乐观地面对人生的各种挑战。

若一个人的思想被迟钝、有害的各种病态心理占据着,热情就缺乏生长和生存的土壤。要改变这种状态,关键的是需要自己作出努力,要不断鼓励自己,给自己打气,常常对自己说:"我有幸福、幸运的每一天,我尽全力去做,去争取每一次的机会,而且我得到过,今天和明天还将会得到。我的努力可以换得我的快乐与充实。"尝试着这样充满信心与热情去投入工作和生活,你就必然会走运。

每时每刻记住祛除心理上的病态,消除抑郁与自卑,显得很重要。人的内心经常会发生心理战,占据优势的心理往往左右你的言行,而自卑、失败主义的思想可以蚕食你的生命,摧毁你的一生。

三、坚忍、毅力

毅力也叫意志力,是人们为达到预定的目标而自觉克服困难、努力实现的一种意志品质。毅力,是人的一种"心理忍耐力",是一个人完成学习、工作、事业的"持久力"。当它与人的期望、目标结合起来后,它会发挥巨大的作用。有没有毅力是一个人敢不敢自信、会不会专注、是不是果断、能不能自制和有没有忍受挫折的结果。

在所有的成功者中,有没有毅力,坚强不坚强,起着决定性的作用;而对失败者来说,缺乏毅力几乎是他们共同的弱点。毅力会帮助你克服恐惧、沮丧和冷漠;会不断地增加你应付、解决各种困难问题的能力;会将偶然来的机遇转变为现实;会帮助你实现他人实现不了的理想……因此,古今中外的先人、哲人、伟人、名人,都对它作出了高度的评价。如,"古之立大事者,不惟有超世之才,亦必有坚忍不拔之志。"(苏轼)"战士是不知道萎缩的。他的脚步很坚定。他看定目标,便一直向前走去。他不怕被绊脚石摔倒,没有一种障碍能使他改变心思。"(巴金)"在科学上没有平坦的大道,只有不畏劳苦沿着陡峭山路攀登的人,才有希望达到光辉的顶点。"(马克思)

毅力是人的一种好品质,谁都想具有这种品质。但是,是不是所有的人都会具有?不一定。一般来说以下这几种人是很难具有毅力这种品质的。

心不专者,不会有毅力。唐人张文成在《游仙窟》中曰:"心欲专,凿可穿。"可是有的人就是做不到这一点,不专一,目标太多,期望值有无数个,好高骛远,一个目标还没有达到,就想到了另一个,这山望着那山高,什么都是三心二意,虽很努力,却是竹篮打水一场空,因为缺乏恒心,结果什么事情都办不了,什么事情都办不好。的确,一个人做事若无恒心,那是什么事情都做不成的。

不自信者,不会有毅力。这类人对自己缺乏信心,不相信自己的力量,事情还没有办,考虑的却是个人的得失,失败了怎么办?如何向领导交待?往往是进一步,退二步。结果呢?因为没有自信,夸大了自己弱势,让弱势遮住了自己的强势,自己就显得毫无力量……这类人的失败,不是由于他人,而是在于自己,也就谈不到什么毅力不毅力的了。

办事不果断者,不会有毅力。这类人独立性差,没有主见,干工作缺乏办法,没有气魄,优柔寡断,前怕狼、后怕虎,总有说不清的顾虑,总是担心这个或那个,就是不担心成功。这类人还有一个毛病:容易接受他人暗示和影响,因而经常改变自己的初衷,将事情搞得不伦不类。

不能自制者,不会有毅力。这类人不能压抑欲望,随心所欲,想怎么干就怎么干,好情绪化,好冲动,不能顺从理性,不知道如何克制自己,因而一心本是属于可敬可赞的雄心壮志,常被那些卑小的欲望所干扰,将事情搞得一败涂地。

不能忍受挫折者,不会有毅力。为什么有的人大落之后能东山再起?就在于他能忍受得住挫折,忍受得住失败,忍受得住考验,忍受得住痛苦,坚持信念,不停顿地前进,不停顿地拼搏、奋斗,因而能屡扑屡起,终于成为伟人。所以法国拿破仑下面这一句话还是很有道理的:"人生之光荣,不在永不失败,而在能屡扑屡起。"

古往今来的无数事告诉我们,高成就的人除了在理想、信念、进取心、自信心方面明显高于低成就的人之外,还在心理承受能力、不屈不挠的意志等方面明显高于低成就的人。有成就、有作为的人,无不具有顽强的意志和坚韧不拔的毅力。我国古代大医药学家李时珍写《本草纲目》花费了27年;进化论创始人达尔文写《物种起源》用了 15 年;天文学家哥白尼写《天体运行论》用了 30 年;大文豪歌德写《浮士德》用了 60 年,而郭沫若翻译《浮士德》就用了 30 年;马克思写《资本论》用了 40 年。这些中外巨人的伟大成果无一不是理想、智慧与毅力的结晶。还有一些科学家为坚持真理付出了鲜血与生命。

毅力是一个心理因素,毅力的培养可以从以下几个方面进行:

1. 坚定的信心,产生毅力;
2. 强烈的愿望,产生毅力;
3. 明确的目标,有助于产生顽强的毅力;
4. 有组织的计划,可以产生毅力;
5. 积极行动,产生毅力;
6. 克服消极的心理因素,来保证对毅力的培养,特别要注意习惯。

总之,毅力是许多心理因素共同作用的结果,这些因素包括愿望、信心、明确的目标、有组织计划、行动、习惯、人生观等,任何一个环节做不好,都会影响毅力,毅力的强弱很大程度上决定了能否成功。

美国学者米切尔·柯达说过:"以完成一些事情来开始每天的工作是十分重要的,不管这些事情多么微小,它会给人们一种获得成功的感觉。"这种感觉无疑有利于毅力的激发。看来柯达的话对于我们做其他事情,也是会有启发的。

四、自省、自谦

曾子曰:吾日三省乎吾身。为人谋而不忠乎? 与朋友交而不信乎? 传不习乎? 古人的意思是让我们经常反省自己,看自己做事、交友和学习等做得对不对,好不好,从而达到见贤思齐,见不贤而内自省的境界,以便达到儒家对君子的要求。

古人多以"三"为大,三省其身,省一是言行,省二是作为,省三是修养。这是自省的境界,但何尝不是自谦的行为。古人如此,今人难道不应如此? 到了今天,我们同样需要这种"三省吾身"的道德修养。

自省是一种思想境界和觉悟的高度体现,也是人品人格自我提升至谦的表现。自省,即自我反省、自我检查,是认识自己的开端。自省是一种境界、一种态度,是对自身价值的真正肯定。在通常情况下,大多数人认为自己的思想行为是正确的,即"己正性",很少有人自我否定,即使有人指出自己的过错,也不愿意接受,这通常是对自己百害而无一利的。那么,如何从内心做到真正的自省呢?

一是态度,敢不敢真正面对自己。现实生活中,有些人常常避开自省,对自己的过失遮遮掩掩,不愿反省自己的过失。有些人反省时就轻避重、就少避多,说些无关痛痒的言语,没有把反省的功夫做足;有些人客观上反省自己,主观上却把责任推给制度、推给上级;更有些人把反省当做走过场,以集体说事,讲些冠冕堂皇的话草草了事。究其原因,是因为没有勇气去正视自己的过失和错误。有的人总感觉自己是正确的,认为丝毫没有反省的必要。更有甚者,怕给自己所谓的"自尊"带来伤害,即使心有所想,也不愿面对。

二是逆境要自省,顺境更要自省。自省不是单纯的自我批判,而是一种智慧总结。逆境时要自省,顺境时更要自省。当自己得到满堂喝彩的时候应及时反省自己的纰漏,梳理自己的言行,从而找到前进的方向。在自省中,可以总结经验,吸取教训;在自省中,可以总结过去,规划未来;在自省中,可以汲取智慧,运筹帷幄,决胜千里。

三要自觉做到自省。首先要开阔胸襟,敢于自省。正确认识自己的不足并不是出丑。"宰相肚里能撑船",只有容得下过去,才有进步的动力。其次要有渊博知识,善于自省。人想要通过自省变得善良、丰富、高贵,底气就是知识的沉淀。再次要养成好的习惯,勤于自省,虽达不到古人日三省其身,也应经常自省。

人生最大的敌人是自己,只有时时自省、弥补缺点、纠正过错,才能了解何事可为,何事不可为,才能在这其中找到生活的真谛。通过自省,权衡自己的言行,检验自己的思想,看看是否合乎"平衡",只有知道了所及和所不及,才可扬长避短,趋利避害。

思考题:
1. 对旅游从业人员来讲,在生活中应注意哪些伦理规范?
2. 试析哪些伦理规范可用以促进人际交往?
3. 如何增强自身的毅力?
4. 如何保持积极热忱的精神?
5. 请分析"合作沟通"对旅游从业人员的重要性。

第七章 旅游职业道德

第一节 职业道德

职业,是指人们由于社会分工和生产内部的劳动分工,而长期从事的、具有专门业务和特定职责并以此作为主要生活来源的工作。职业是社会分工的产物,并随着社会分工的演变而不断丰富和发展。职业对人类的生存和发展具有重要的意义,具体表现在三个方面:首先,从事一定的职业劳动,是人们谋生的手段,人们因此获取生活来源;其次,从事职业劳动,能够满足人自身的内在需求;再次,从事一定职业劳动,是个人履行对社会的责任。职业是责任、权利和利益的统一,因此,从业人员在职业活动中,不但要重视利益,尊重权利,同时也应该履行职业责任,在满足自身需求的同时,为社会作出有意义的贡献。

一、职业道德的内涵

1. 职业道德的定义

古人云,"天下百业,宜以德一之。"职业道德是与人的职业角色和职业行为相联系的一种高度社会化的角色道德,是社会道德系统中的一个分支,是以协调个人、集体、社会的关系为核心的职业行为准则和规范系统。是从事一定职业的人们在职业活动中应该遵循的,依靠社会舆论、传统习惯和内心信念来维持的行为规范的总和。职业道德与职业活动紧密相关,它是从事一定职业的人们在职业生活中应该遵循的道德规范,以及与之相适应的道德观念、道德情操和道德品质等。简言之,职业道德就是具有职业特征的道德准则和规范。

作为以职业角色和职业行为为载体的高度社会化的行为规范,职业道德是为实现一定的职业价值服务的。归根结底,职业道德是以"责、权、利"的统一为基础,以协调个人、集体与社会的关系为核心的职业行为准则和规范系统。没有相应的道德规范,职业就不可能真正担负起它的社会职能。因此,职业道德既是职业系统自身的,也是社会的一种必要的生存与发展条件。

职业活动是人最主要的社会活动,职业角色是每一个社会人拥有的身份。因此职业道德不仅与每个人相关,而且与每个人发生最直接持久的关系,其状态和水平具有极为广泛的社会效应。如果说市场经济不仅提高了生产力,还客观上促进了道德进步的话,那么它首先要求并推动的,就是各行各业、各利益主体的职业道德。职业作为人的社会关系的一个重要方面,对人们的道德意识和道德行为产生重大影响。

大体上说,人们各种职业生活的实践主要从三方面影响其心理和行为:第一,从事不同职业的人对社会所承担的责任不同,影响着人们对生活目标的确立和对人生道路的具体选择,同时也不同程度地影响人们的人生观和道德理想。第二,作为在特定职业中长期生活的人,有其特定的职业地位和职业利益。不同职业的不同利益和义务直接影响人们的道德信念及其评价行为的道德标准,造成人们不同的职业良心。第三,职业活动的不同影响着人们的情趣、爱好以及性格和作风,以致影响整个品德和人格的形成。

2. 职业道德的基本要素

职业道德由多种要素组成,职业道德包括职业理想、职业情感、职业态度、职业技能、职业良心、职业纪律、职业作风等方面的内容,职业道德是整个道德体系的基本组成部分之一,也是直接影响社会生产的主要成分之一。职业道德不仅是从业人员在职业活动中的行为标准和要求,也是本行业对社会所承担的道德责任和义务。每个从业人员,不论从事哪种职业,在职业活动中都要遵守道德。如教师要遵守教书育人、为人师表的职业道德;医生要遵守生命高于一切的职业道德……具体来说,职业道德表现为"职业化"、"角色化"的特征。职业道德总是要鲜明地表达职业义务、职业责任以及职业行为上的道德准则,它不是一般地反映社会道德和阶级道德的要求,而是要反映职业本身所具有的特别性质所带来的需求。

二、职业道德的特征

职业道德具有一定的共性,同时也有各行业的特殊性所在,总的来说,职业道德有三方面的特征:

一是范围上的有限性。任何职业道德的适用范围都不是普遍的,而是特定的、有限的,职业道德主要用于约束本职业的人员,它不可能也不应该去约束其他职业的人们,职业道德总是同一定职业的特殊利益相联系,具有具体性、确定性及有限性。

二是行业性。职业道德总要鲜明地表达职业义务、职业责任以及职业行为上的道德准则。它不是一般地反映社会道德和阶级道德的要求,而是要反映职业、行业以至产业特殊利益的要求,它是在特定的职业实践的基础上形成的,因而它往往表现为某一种职业特有的道德传统和道德习惯,表现为从事某一职业的人们所特有的道德心理和道德品质。

三是相对稳定性。职业道德一旦确定,就不会轻易地改变,会随着职业的发展而有所传承,虽然在发展过程中会融入新的因素,但主体要求不会改变。

三、职业道德的作用

1. 事业成功的重要保证。海尔集团总裁张瑞敏曾说:"对于企业员工,有德有才要重用,有德无才可慎用,有才无德坚决不用。"蒙牛企业董事长牛根生说:"小胜靠智,大胜靠德。"众多的企业负责人也对自己的用人标准进行表明,其中,道德品质是在企业员工所有品质中居于前位的。作为社会及企业的一员,具有良好的道德素质,在事业上会体现出勤劳敬业、踏实肯干,在处理人际关系时会诚实守信、见利思义,因此会凭借自身的素质在事业上获得成功。

2. 人格完善的重要途径。职业道德是人们养成优良道德品质和提升人格境界,促进人的发展和实现人的价值的重要形式。一个人的社会生活是各方面的,但最主要的是职业生活;一个人对社会所作的贡献也是各方面的,但主要也是通过所从事的职业活动表现出来的。职业活动是人生的重要内容,人生价值的实现、人生境界的提升主要都是通过职业活动而实现的。一个人在职业活动中能否成功、成才,除了必备的外部客观条件和个人专业技能外,很重要的因素就是是否具备良好的职业道德。因此,职业道德对于人的发展具有重要的作用。人们从事任何职业活动,既是对社会承担职责,又是在实现自我价值和自我发展,而在这个过程中,职业道德作为精神动力,起着重要的作用。人们通过职业生活自觉对社会所担负的职责和义务,从而深刻理解人生的意义,巩固和确立正确的人生目的,进而去追求人生道德的真正价值。一旦人们树立了正确的职业观,能够用良好的职业道德要求自己,就能够养成良好的职业习惯,形成高尚的道德品质和道德人格,成为全面发展的新人。

3. 促进经济发展和社会进步的力量。职业道德调节人们的职业关系,有利于职业活动中人力资源和物力资源的优化配置,维护正常职业活动和职业生活秩序,更重要的是能使广大职业劳动者端正劳动态度,树立敬业精神,遵守职业道德准则和经济活动规则,这对于促进经济的健康发展和社会的全面进步有着重要作用。如果每个劳动者在实践过程中都能按照职业道德的要求,自觉遵守职业道德规范,树立崇高的职业理想和职业荣誉感、责任感,端正劳动态度,不断提高劳动技能和业务水平,注意调节好各行各业劳动者之间的关系,彼此互相支持、通力合作,就既能够提高劳动生产率和服务质量,努力为社会创造物质财富和精神财富,推动社会生产力和科学技术、教育文化事业的迅速发展,又能够协调每个职业内部从业人员之间、从业人员与服务对象之间以及人与自然之间的关系,在社会形成团结互助、平等互爱的和谐氛围。

第二节　旅游职业道德

一、旅游职业道德的内涵

恩格斯指出:每个阶级,甚至是每一个行业都各有各的道德。作为一种新兴的社会职业和事业,旅游管理自20世纪80年代传入我国,近年来取得辉煌的业绩。但是我国的旅游管理体系还尚不完善,旅游从业人员的素质更有待提高。一些旅游从业人员在获得个人及其组织的自由的同时,有意无意地将道德置于被动境地,忽视道德的社会功能,时代呼唤旅游职业道德,呼唤旅游从业人员以自己职业特有的职能和自己高尚的职业行为为基础,建构有中国特色的旅游从业人员职业道德体系。旅游事业同其他的职业一样,有着自己的职业特点和职业道德要求,并以自己特有的职能和高尚的职业行为,为公众服务,为社会服务。

旅游职业道德是指旅游从业人员在从业过程中,所应遵循的道德行为规范的总和。也是旅游从业人员用以肯定、发展和完善自身人格价值,提高自己精神境界的一种重要的精神力量。

二、旅游职业道德的内涵特征——知识技能

1. 服务性。旅游服务是第三产业特别是服务业的重要组成部分。在人

类社会经历了农业革命和工业革命之后,正进入服务业革命时代。旅游业正经历着一场涉及服务观念、服务艺术和生活方式的"旅游革命"。社会是一个有机联系的整体,每一个组织都不能孤立地存在,社会整体性的一个显著特征是社会组织"细胞"之间的相互服务。旅游管理较之其他行业,更加重视服务,通过旅游从业人员相关的管理和服务工作,赢得公众的认可、理解、信任和支持,可以被看做是为旅游者提供优质服务的过程,从这个意义上讲,旅游职业即为服务性质。

2. 知识性。要保证其活力,必须为旅游者提供高质量的服务,保证旅游者高质量的旅游体验。高质量的旅游体验给旅游者以预期甚至超过预期的旅游满足,而低劣的旅游体验使旅游者美好的愿望破灭,因此为了能为旅游者提供良好的服务,旅游业者必须强化自身素质,增强行业知识。旅游者对旅游的需求因素多种多样,如文化消费需求、智慧启迪需求、摆脱喧嚣社会环境和日常琐事的需求和在自然和人文景观中洗涤心灵、完善自我的需求等。如果旅游从业人员及旅游景点没有文化内涵和品位,就无法满足旅游者的不同层次需求。可以说,没有文化品味的旅游,是没有生命力的旅游。旅游业是特殊的行业,其涉及到食、住、行、游、购、娱,旅游服务质量是其强大的生命线。

3. 技能性。专业技能是一个人的知识结构、专业结构、素质结构的综合体现。任何行业都是在特定的场合下的特定的业务活动和执行活动,都有其业务方面的特殊需要。如不具备一定的业务知识,不懂得业务性质、业务流程和特点,就无法对可能出现的问题作出准确的判断,就不能给予消费者以正确的指导,这势必会降低工作效率。因此,他的职业行为必须符合专业水准。精湛的专业能力,能够把经受的教育培训和职业经验恰如其分地发挥在职业过程中。由于市场环境、技术和竞争对手随时都在发生变化,企业对从业者专业技能要求越来越高,旅游业者作为企业运营的直接控制者和责任承担者,没有过硬的技能往往会功亏一篑。

三、旅游职业道德的表层特征——交往礼仪

旅游从业人员职业道德的表层特征是指行乎于外的表现,主要是指在从业过程中表现的礼仪规范。

1. 庄重的仪容仪表

（1）仪容是指容貌,是员工的本身素质的体现,反映了企业的管理水平,满足客人的需要,也反映了我们员工的自尊自爱,是个人精神面貌的外观体

现。作为职场职业人,应该注意自己的仪容修饰,女性化淡妆,不涂抹刺激性强的化妆品。男性注意整齐清洁,工作时着职业装,表现大方得体,整体看起来自然、精神奕奕、充满活力。

(2)仪表。仪就是外表整体,表就是表情,总的来说就是个人形象表情。仪表主要指两方面,着装和表情,着装整齐清洁,精神饱满,表情自然,不带个人情绪。

第一是着装,我国有句老话"人靠衣装,佛靠金装"。在职场上,万万不可忽视"仪表识人"的重要性。在经济学上,这是最节省成本,最行之有效的一种判断方式;在社会学上,也是其遵循的法则。第一印象非常重要,印象的形成,85%以上是来自非语言信息,你穿着得体,打扮合适会给人以极佳的印象。没有令人信服的外表,又怎么来吸引别人探究你的能力呢?如果你是一个老板,你会放心把大订单的客户交给一个衣服总是皱巴巴的职员打理吗?一个人的衣着打扮代表着他的职业与品位,职场中的人必须牢记这一点,即将踏入职场的人,尤其需要记住这一点。

因此我们在必要时要学会运用服饰这一武器来"武装"自己,注意着装的修养及品位,以便获得成功。

第二是表情,表情是指一个人的喜、怒、哀、乐等内心情感通过面部肌肉的运动在面部所呈现出来的感觉。而表情礼仪是指神态和态度,包括对目光和笑容两方面的礼仪规范,特别是微笑。表情礼仪的总体要求是热情、友好、轻松、自然。

① 目光。眼睛被喻为"心灵的窗户",是人体传递信息最有效的器官,它能如实地反映出人的喜怒哀乐。在社交场合,一定要注意眼神的礼仪,目光要坦然、温和、大方、亲切,正视对方的两眼与嘴部的三角区,表示对对方的尊重,但凝视的时间不可太长,因为长时间凝视对方,会让对方感到紧张、难堪。如果面对熟人、朋友、同事,可以用从容的眼光来表达问候。征求意见时,目光可以多停留一些时间。与人对视时,切忌迅速移开,不要给人留下冷漠、傲慢的印象,对方缄默或失语时,不应再注视对方。

② 微笑。与人交往时,表情应以喜、乐为主调,微笑是人类最美好的语言,是自信的象征,是礼貌的表示,是心理健康的标志。在各种场合恰当地运用微笑,可以起到传递情感、沟通心灵、征服对方的积极心理效应。在与人交流时,可以在开口之前先以微笑示好;在与人交流时,如果对方向自己投以微笑,自己一定要以微笑予以回应。

2. 得体的语言

"不知命,无以为君子也;不知礼,无以立也;不知言,无以知人也。"(《论语·尧曰》)旅游业的服务性质,要求旅游从业人员在处理上级领导、下级员工、同级各职能部门、外部公众以及同业人员相互之间各种人际关系和交际行为上要得体。因此,得体的语言尤其重要,得体的语言包括语气语调轻松亲切,用词适当,面对竞争者不卑不亢,面对同事轻松幽默,面对旅游者温和亲切,总体给人以舒适感,从而有利于人际交往。通常的礼貌待客是遏制竞争者入侵的最终障碍和保持战略优势的重要方式。

作为旅游从业人员在语言上应注意几项:(1)不讲失礼的话,如"讨厌"、"烦躁",等等;(2)不讲讽刺、挖苦的话;(3)夸大、失实的话不讲;(4)催促、埋怨的话不讲;(5)不得和客人发生争执、争吵;(6)对待客人要一视同仁,不分贵贱、老少、美丑。

3. 仪态

达·芬奇曾说:"从仪态知觉人的内心世界,把握人的本来面目,往往具有相当的准确性和可靠性。"仪态是指人在行为中表现出来的姿势,主要包括站姿、坐姿、步态等。"站如松,坐如钟,走如风,卧如弓",是中国传统礼仪的要求,在当今社会中已被赋予了更丰富的含义。随着对外交往的深入,我们要学会用兼收并蓄的宽容之心去读懂对方的姿态,更要学会通过完善自我的姿态去表达自己想要表达的内容。

我们敬爱的周恩来总理堪称仪态美的典范。青年时代他在南开中学读书,南开中学教学楼的镜子上印着《镜铭》:"面必净,发必理,衣必整,钮必结,头容正,肩容平,胸容宽,背容直,气象:勿傲、勿暴、勿怠,颜色:宜和、宜静、宜庄。"周恩来自年轻时就按《镜铭》上的要求去做,加强修养,努力做到仪态美,在半个多世纪的革命生涯中,形成了独特的被称为"周恩来风格的体态语",可谓"举手投足皆潇洒,一笑一颦尽感人",给人以不可抗拒的吸引力。一位欧洲女作家说:"他的眼睛是他身上最惊人的特点,总是闪着光并迅速移动,人人都发现它是不可抗拒的。周在演讲时,步履矫健,昂首挺胸,神色自然,仪态万方,周身洋溢着自信与激情。他时而平静,时而激动,时而温和,时而愤怒。而这一切都是那样得体和恰如其分。"独具魅力的体态语,帮助周恩来把自己塑造成为一位受到普遍欢迎的交谈伙伴、一位杰出的演说家、一位老练的谈判高手、一位劝说行家这四种角色集于一身的出色形象。

旅游从业人员的仪表、仪态、仪容是从业精神的外在表现,也是旅游从业人员素质水准的体现。

一个人的仪容,大体上受到两大因素的左右。第一,是本人的先天条件。一个人相貌如何,通常主要受制于血缘遗传。不管一个人是"天生丽质难自弃",还是长得丑陋不堪,实际上一降生到人世便已"命中注定如此",其后的发展变化往往不会与之相去甚远。第二,是本人的修饰维护。每个人的先天条件固然头等重要,然而这么说并非意味着一个在仪容方面先天条件优越的人,便可以过分地自恃其长,而不去进行任何后天的修饰或维护。事实上,修饰与维护,对于仪容的优劣而言往往有着一定的作用。在任何情况下,一个正常人倘若不注意对本人的仪容进行合乎常规的修饰与维护,往往在他人的心目中也难有良好的个人形象可言。所以我们在平时必须时刻不忘对自己的仪容进行必要的修饰和整理,做到"内正其心,外正其容"。

第三节 旅游从业人员应具有的基本职业道德

一、爱岗敬业

敬业修身是中华民族的传统美德,在中国第一个提出爱岗敬业的当属孔子,他认为,无论为人还是做事都应该"敬事而信"《礼记·学记》。则明确提出了"敬业乐群"这一概念,这里的"敬事"、"敬业"都是指在工作中要聚精会神、全心全意。敬业精神就是人们以正确的态度对待各种职业劳动,热爱自己所从事的职业和岗位,努力工作,具有职业责任感和主人翁精神。敬业精神是集体主义思想在人生观、价值观、伦理观上的升华。具备敬业精神的人不仅把职业作为一种模式的手段,更重要的是作为体现人生价值的表现形式。具备敬业精神的人对自己所从事的职业充满敬爱和虔诚、专心致志、忠于职守,对工作、对将从事的职业全身心的投入。大多数雇主认为,正确的工作态度是公司雇佣员工时首先要考虑的,其次才考虑职业技能。

一个具有职业优势的从业人员,能够做到不以物喜不以己悲,尽职尽责地对待自己的工作,无论自己的工作是什么,重要的是我们是否真正做好了我们的工作。有人说,假如你非常热爱工作,那你的生活就是天堂;假如你非常讨厌工作,你的生活就是地狱。在每个人的生活当中,有大部分的时间是和工作联系在一起的。敬业精神是职业道德最基本的体现。

二、见利思义

见利思义是中国传统道德处理群己关系的一条基本行为准则,是中华民族重要的传统美德。义和利问题,讲的是道德原则和物质利益的关系问题。义,一般地是指合乎正义和公益的或公正合宜的道理或举动。利,就是指物质利益。见利思义,不是一般地反对"利",而是指见到利益,应首先想一想符合不符合道义,该取的可以取,不该取的不应据为己有,即先义然后利,亦即孔子说的"义然后取,人不厌其取"。

义利之争贯穿了中国古代思想史。主要有三种观点:第一种观点,是重义轻利,主要代表是孔孟的儒家学派。孔子说,"君子喻于义,小人喻于利"(《论语·里仁》),"不义而富且贵,于我如浮云"(《论语·述而》)。"义以为上"、"义以为质"、"见利思义"(《论语·宪问》)、"见得思义"(《论语·季氏》),孟子同孔子一样也是重义轻利,主张"何必曰利亦有仁义而已矣","生,亦我所欲也。义,亦我所欲也。二者不可得兼,舍生而取义者也"(《孟子·告子》上)。

第二种观点,是重利轻义,主要代表是以管仲、商鞅、韩非为代表的法家学派。管子说:"仓廪实,则知礼节;衣食足,则知荣辱。"(《管子·牧民》)韩非认为人都是自私自利的,讲仁慈不仅无用,而且有害。他说:"好利恶害人之情也。"(《韩非子·二难》)

第三种观点,是义利并重,主要代表是墨家学派。墨子把爱私利、道德和利益结合起来。他说:"兼相爱,交相利。"(《墨子·兼爱》下)在义和利的关系上,墨子强调二者的结合,或说义利并重。荀子阐述得最为深刻,他从人的自然属性出发,承认人的物质利益,主张义利两有,二者都不能否定,但是,他主张"以义制利"(《荀子·正论》),认为"先义而后利者荣,先利而后义者辱"(《荀子·荣辱》),早期儒家的"义利观"这个基本精神,对后世产生了极其深远的影响。

无论是"重义轻利",还是"先义后利",关键是作为原则、标准的"义"必须正确,即符合社会进步的时代要求,否则前提错了,一切就错了。当前,在市场经济条件下,追求经济利益是社会生活中的必然要求,但在追求利益的过程中也要注意到义利并举,见利思义。

三、诚实守信

孔子曰:"言必信,行必果","人无信不立"。《中庸》说:"诚者,天之道也。"班固在《白虎通义》中说:"信者,诚也,专一不移也。"这些思想都表现了一种契约意识和踏实履约的道德精神。"诚"是"信"之本,"信"是"诚"之用。诚信是一种心态,一种精神,也是一种观念。"人之交,信为本","轻诺必寡信"。诚信,自内而言是品质,自外而言则是义务。我们通常所说的"诚"字一般是指一种真实的内心态度和内在品质,"信"字涉及自己外在的言行,涉及与他人的关系。

在中国人的观念中,"信"体现了一种道德责任,是做人处事的根本,有所谓"信者,行之基也","行非信无以立"的论断。"信"的道德观念表现在人际交往关系中,就是守信。"言必信,行必果",说到做到。而"信"总与"诚"相联系。历史上的徽商很著名,他们成功的秘诀就在于以诚待客,以信接物,以义制利。日本企业奉行的"终身雇佣制"就蕴涵了管理者与雇员之间内在的、浓厚的信任和忠诚关系。任何技巧若是流于形式而不是出自真诚之心,仅凭着聪明大胆隐秘巧妙地达到目的,而背离了"诚信"原则,只能是有害无利的。

人是通过"社会化"完成其从生命体的自然人到具有社会角色的社会人的转化的。人的社会化过程,一是要掌握人类的科学知识和技能以获取谋生的本领,二是要通晓社会规则,而作为社会道德的诚信,则是人立足于社会的基础。二程认为:"进学不诚则学杂,处事不诚则事败,自谋不诚则欺心而弃己,与人不诚则丧德而增怨。"(《二程集·粹言·论学篇》)意思是说,一个人如果学习不能做到心诚,学业就不精;如果办事不能真心实意、竭尽全力,事情就不会办好;对待自己不能实事求是,就会欺心害己;待人虚情假意不诚恳,就会违背交友之德,增加怨恨而没有真正的朋友。可见,诚信是做人的根本,是一种具有德行的人生态度,也是做人做事成功之源。

四、勇担责任

爱默生说:"责任具有至高无上的价值,它是一种伟大的品格,在所有价值中它处于最高的位置。"科尔顿说:"人生中只有一种追求,一种至高无上的追求——就是对责任的追求。"责任,从本质上说,是一种与生俱来的使命,它伴随着每一个生命的始终。美国总统奥巴马在他的就职演说中说:"这个时代不是逃避责任,而是要拥抱责任。"

在责任的内在力量的驱使下,我们常常油然而生一种崇高的使命感和归属感,如果我们放弃了对自己的责任,就背弃了对我们所负使命的忠诚和信守。清醒地意识到自己的责任,勇敢地扛起它,无论对于自己还是对于社会都将是问心无愧的。人可以不伟大,人也可以清贫,但我们不可以没有责任。任何时候,我们都不能放弃肩上的责任,扛着它,就是扛着自己生命的信念。事实上,只有那些能够勇于承担责任的人,才有可能被赋予更多的使命,才有资格获得更大的荣誉。一个缺乏责任感的人,或者一个不负责任的人,首先失去的是社会对自己的基本认可,其次失去了别人对自己的信任与尊重,甚至也失去了自身的立命之本——信誉和尊严。

在当代社会,几乎每一个优秀企业都非常强调责任的力量。在IBM公司,每个人坚守和履行的价值观念之一就是:"在人际交往中永远保持诚信的品德,永远具有强烈的责任意识。"在微软,"责任"贯穿于员工们的全部行动。在新未来公司里,董事长一直提倡:"做老实人,说老实话,办老实事。"这也是责任意识的一种体现。责任在这里不仅仅是一种品德,更是一种能力,而且是其他所有能力的统帅与核心,缺乏责任意识,其他的能力就失去了用武之地,所以,在企业里,责任是胜于能力的。无论我们有多么优秀的能力,只有通过尽职尽责的工作才能完美地展现。

最优秀的人才总是希望进入最优秀的企业。而每一个优秀的企业都在解释、创造、举行和实践着自己的企业文化、职业精神和价值观念。我们作为企业的一名员工,有些事情并不是需要很费力才能完成的,做与不做之间的差距就在于责任。

责任让人坚强,责任让人勇敢,责任也让人知道关怀和理解。因为当我们对别人负有责任的同时,别人也在为我们承担责任。无论你所做的是什么样的工作,只要你能认真地、勇敢地担负起责任,你所做的就是有价值的,你就会获得尊重和敬意。有的责任担当起来很难,有的却很容易,无论难还是易,不在于工作的类别,而在于做事的人。只要你想、你愿意,你就会做得很好。这个世界上的所有人都是相依为命的,所有人共同努力,郑重地担当起自己的责任,才会有生活的宁静和美好。任何一个人懈怠了自己的责任,都会给别人带来不便和麻烦,甚至是生命的威胁。我们的家庭需要责任,因为责任让家庭充满爱,我们的社会需要责任,因为责任使社会和谐。

第四节 旅游行业行为的伦理失范现象

一、旅游行业伦理缺失的表现

1. 功利化趋向严重,个人利益至上

对于中国来说,旅游业的发展经历了30年的经济导向发展阶段,积累了管理经验和产业基础,具备了规模。改革开放30年,中国旅游业已经形成了自己的一套比较完整的经营运作方式,其中有成功的一面,也有不成功的一面。需要认真对待的是,有些不好的东西已经发展到影响旅游行业的队伍,像导游员"吃回扣"现象、旅游景点景区的乱开发现象等。如何处理好"权利意识"与"功利化"的关系,是当前旅游行业存在的一个现实问题。虽然从事旅游行业能够获得经济效益,增加收入,但不能功利化地把发展个人经济作为促进旅游工作的唯一目的。在更加注重以人为本、全面发展的今天,旅游业也应该走向本质的回归——由单纯的产业导向走向社会导向,正像《马尼拉宣言》所强调的那样,通过发展旅游来获得经济收益、发展区域经济并不是唯一的标准和目的,相反,实现人类的旅游权利,才更应该是各级政府和社会机构的责任。

2. 旅游从业人员诚信缺失

大力提倡旅游诚信的问题,原本是显得有些多余,因为商家恪守诚信,不仅是国外企业的立身之本,同样也是中国的民族企业的传家祖训。然而,近些年来中国一些企业的诚信缺失,又让人们实实在在感到了这个问题的严重。主要表现在旅游服务缺乏诚信观念,经营组织者和旅游者的利益纠纷不断。旅游服务是第三产业特别是服务业的重要组成部分,在人类社会经历了农业革命和工业革命之后,正进入服务业革命时代。旅游业正经历着一场涉及服务观念、服务艺术和生活方式的"旅游革命"。然而,我国现有的旅游服务质量却不尽人意。旅游秩序混乱,不合理的行程安排,不规范的旅游服务等,导致了旅游利益纠纷和大量旅游者投诉,严重败坏了我国旅游业的声誉。究其原因就是旅游服务者的诚信服务意识不够,缺乏旅游服务道德约束和法律监督机制。

行业链接 7-1:增加自费项目费用应由谁来承担

2007 年 8 月 4 日李女士一家一行五人报名参加某旅行社组织的华东五市+水乡双卧七日游,当日签订旅游合同,8 月 6 日缴纳旅游费 2330 元,缴地接社 1360 元。该旅游团为散客拼团,旅游过程中地接社导游未征得游客同意,也未向旅行社报告,擅自增加无锡灵山、苏州乘船游运河、购买珍珠粉、玉器貔貅等旅游项目。另,同团的旅游费分别是:770 人/元、720 人/元、和 780 人/元。

李女士对此进行了投诉,并提出赔偿请求:赔礼道歉,退还增加自费项目款和旅游费差价。处理结果:旅行社退还李女士参加自费项目款 400 元。(资料来源于中国旅游诚信网:http://qualitytourism.cnta.gov.cn/)

点评:旅游合同已经签订生效后,当事双方应当按照约定全面履行自己的义务,不得擅自变更和解除合同。导游人员是经旅行社委派,负责按照旅行社确定的接待计划安排旅游者游览,在游览过程中地接导游员未征得游客同意擅自增加旅游项目,其行为违反《导游员管理条例》第十三条之规定,导游在旅游过程中的行为属于职务行为,应认定为旅行社违反合同约定,未征得游客同意擅自增加自费项目,旅行社应承担违约责任。导游员违反《导游员管理条例》另案处理。

3. 缺乏责任心及内涵旅游

伴随着旅游活动的社会化、大众化和旅游者自我保护意识的加强,从业人员的服务质量已成为旅游者投诉最多的一个问题。而这个问题的焦点就集中在从业人员的职业道德素质上。如很多导游员在选择这个职业时就有这样一种想法:趁年轻免费游山玩水捞大钱。于是,他们在带团前想尽办法挑选一个他们认为能多拿小费的团队。在带团时不是热情地引导游客参观游览,而是热衷于带客人逛商店购物,或去医院进行所谓"体检"、"治疗"等,从中收取回扣。而到了旅游景点则态度冷淡,采取"放羊"的办法,让游客自行游览,而不加以任何导游讲解,有些导游甚至擅自更改旅游行程、路线。

这些问题之所以出现,其根本原因就是导游人员的责任心太差。旅游业作为窗口行业,是人们物质生活得到一定满足的情况下所追求的精神层次上的享受,因而提供优质服务满足人们精神上的需要,使旅游者在游览过程中得到快乐是旅游服务的根本所在。旅游服务意识缺乏,文化内涵和品位的旅游缺失,无法满足旅游者不同层次的需求。如文化消费需求、智慧启迪需求、摆脱喧嚣社会环境和日常琐事的需求和在自然和人文景观中洗涤心灵、完善自我的需求等。可以说,没有文化品位的旅游,是没有生命力的旅游。但是,当前我国旅游业由于急功近利的经营思想影响,导致旅游文化传播过度商业化,使我国优秀的传统文化受到冲击,旅游文化教育的功能受到影响。加强旅游文化建设,弘扬中华民族优良的文化传统,促进旅游精神文明已经成为我国旅游业亟待解决的问题。

行业链接7-2:旅游业误区之景点商业化

九华山是中国四大佛教名山之一,属地藏菩萨道场。清代九华山佛教鼎盛时有寺庙300余座,僧尼4000多人,"香火之盛甲天下"。今存寺庙90余座(其中9座列为全国重点寺院,30座列为省级重点寺院),有僧尼近600人,存真身(肉身)5尊,佛像6300余尊,藏历代经籍、法器等文物2000余件。因此,游九华山参观寺庙肯定是一项重要内容。

但是,在短短的两个半天的九华山旅游期间,导游带游客参观了竟然有8座寺庙,几乎每座庙都动员大家进香。她把地藏菩萨解释成大愿菩萨是不错的,但大愿被她解释成了许愿最灵的意思,只要你虔诚地花钱请香(不能叫买香)烧香,你的愿望就能够实现。请香的价钱在不同地位的寺庙价钱不等,最低的要10元钱1套,贵的100甚至200元。导游解释说,越贵的香就代表你的心越诚,你许的愿就越容易实现。

在导游的口中,地藏菩萨简直成了法力无边的势利鬼了。你给的香火钱多他就帮助你实现你的小愿望。这无异于假借地藏菩萨的名义,利用人们的功名利禄之心,去绑架游客的钱财。同时,当佛祖和菩萨被供奉和膜拜的同时,当地的经营者已经把他们当成挣钱的资本和工具了。

佛教名山本是文化的载体,应该让人们在游历山水的同时,游历真正的历史文化。但正如一些粗制滥造的工程败坏了自然风光一样,这样一种对历史文化遗产的滥用,也是对历史文化的败坏。(资料来源于http://q.sohu.com/topic/2835501)

二、旅游行业伦理缺失的原因

1. 行业运行机制不够规范。当前,旅游市场效益突出,竞争异常激烈。许多企业不惜牺牲诚信来获取短期利益,严重地损害着我国旅游业的健康发展。同时,由于我国当前的法律法规还不健全,旅游行业准入门槛低,尤其是旅行社行业,花费较少的资金就能够通过挂靠的形式进行经营,旅行社呈现"小、散、弱、差"的倾向。当前的旅游市场竞争残酷,有关部门尚未制定最低保护价,旅游企业压价竞争,一些人违法违规操作搅乱了整个市场。这样就形成了一个怪圈,旅行社本身没有多少利润,于是便给上团的导游摊派"人头税"。导游的薪金难以保障,还有负担,为了维护自身的利益,只有紧紧地盯住游客,所以就要牺牲游客的利益,国内团添加自费景点,国际团强行"扎店"等等,这严重损害了旅游业正常的运营秩序,同时,使整个旅游行业的信誉度降低。

搜狐与《新京报》曾经就旅游诚信问题所作的一项联合问卷调查,就显示出人们对旅行社行业的诚信问题的忧虑。在"你认为当前的旅行社的诚信度如何"的问题中,认为"不诚信"的人竟然占了90.57%。换句话说,对旅行社诚信认可的人仅仅不到10%。虽然这之前我们对旅游诚信问题已经有所警觉并伴有负面的评价,但这样的一项高比例的调查结果,还是会让人感到心惊肉跳。

在对旅游诚信的认识上,76.51%的人都认为这种诚信是"单指旅行社实现承诺"。旅行社不能信守承诺,答应了客人的事情没能去做或没能做好,是人们认为诚信失落的显著标志。不讲诚信的主要表现形式有:旅游线路与实际行程不相符(18.64%),要求游客额外进店购物(20.48%),导游服务意识差(19.77%),行程安排太紧(19.63%),导游额外地主动索取回报(17.80%)等。

人们对旅游诚信的忧虑,并非是凭空猜想而来,很多是来自于自己参团旅游的经验。在具体到"你所经历的由于服务质量方面而导致的不满意的地方"的问题项中,"增加购物时间,强制购物,观光游变成了购物游","旅行社擅自降低服务质量","旅行社擅自缩短旅游行程"分别以25.44%,24.04%和23.16%占到了人们亲历的不诚信服务问题的前三位。13.97%将"在景点或售物点谩骂消费者、殴打消费者"作为选择,显示了人们对旅行社极端的不诚信行为的一种愤恨。

许多人报名参加旅游团,始于旅行社的招徕广告。但是,现实中的旅行社广告的不诚信行为也同样存在。调查中选择旅行社在广告中"设置低价陷阱,报价低于成本、零团费、负团费,最后是以降低旅游服务质量,增加购物时间和次数,增加自费项目来弥补"的人,占了76.65%,足见旅行社广告的不诚信现象之普遍。

虽然近年来许多地方旅游局大力推进旅游标准合同,但调查显示,认为"有的旅行社使用的是单方面制定的格式合同,有意减少或免除自己的责任"的高达59.83%,认为"虽签订了旅游合同,但在履行时却不兑现"的人,也有22.22%。另外,认为"旅行社不与消费者签订旅游合同,致使消费者的权利难以保证"的也不少见,占有17.95%。

2. 经济高速发展的心理膨胀。在市场经济条件下,不要求任何一个市场主体都是利他主义者,但他必须符合职业道德的一般要求,以建立维系社会秩序的基本道德基础。职业风气的败坏,正是等价交换、利润至上的市场原则进入各职业领域,诱发了一些部门和个人的拜金主义、利己主义、道德虚无主义倾向,造成横行社会的行业不正之风。在建设市场经济的整个过程中,如果我们不重视职业道德建设,不注意提高市场经济中的理性道德行为,各行各业就会自觉不自觉地成为金钱拜物教的信徒,从而恶性竞争,自相残杀,市场经济就不可能起到应有的作用。邓小平同志强调指出:"风气如果坏下去,经济搞成功又有什么意义?会在另一方面变质,反过来影响整个经济形势。"

3. 旅游行业法律法规的制定相对滞后。毋庸置疑,旅游的实现需要一定的条件:一是要具备一定的经济基础,既包括国家、地方的经济基础,也包括个人和家庭的经济基础。二是要有政策、制度的保障。经过改革开放30年来的快速发展,旅游业已经成为我国国民经济的战略性产业,在当前国际国内经济形势下,大力发展旅游业,对于扩大内需、调整结构、改善民生具有重要意义。旅游既是一种个体行为,也是一种社会现象,它的规模化、社会化发展需要政策、制度的保障和支持,甚至需要政府的导向和引领,包括休假制度、旅游产品开发与供给制度、旅游产业政策与旅游法规等。

但由于我国目前旅游业还不是完全成熟,虽然已经出台了一些法律法规,但是随着旅游业的发展,又有一些新的问题已经涌现,如旅游行业内部的恶性竞争、虚假旅游广告等,导致一系列旅游纠纷的发生。为促进旅游业持续健康发展,进一步规范旅游市场,解决当前旅游业存在的问题,制定出台一部综合性的旅游法十分必要。

制定旅游法的必要性主要表现在以下几个方面:一是促进经济增长、调整经济结构、更好地拉动内需的迫切需要;二是有效促进劳动就业、舒缓就业压力的迫切需要;三是规范旅游市场秩序、保护旅游者和市场经营者权益的迫切需要;四是协调行业管理关系、促进旅游及相关行业发展的迫切需要;五是促进国际交往、协调国内外旅游业法律制度的迫切需要;六是提升法律层次、完善旅游法律制度的迫切需要。加强旅游行业的立法,做到既有基本的法律法规又要有惩治不诚信行为的专门法律法规。从而将旅游活动、旅游诚信经营纳入法制化管理轨道。针对旅游企业和导游私拿高额回扣、佣金现象,应要求旅游企业建立公开合法的佣金收授制度,建立公开透明的导游人员工作报酬机制,并依法明确导游人员的劳动报酬和返回佣金比例,纳入企业财务核算体系内规范管理。尽快出台市场主体进入和退出办法,完善旅游市场的准入、退出机制。

4. 从业人员素质的参差不齐。改革开放以来,我国的旅游业高速发展,硕果累累,成绩喜人。旅游人才建设和教育培训工作也取得了明显的成效,旅游业从业人员队伍整体素质不断提高,对促进旅游业快速发展,提高旅游管理水平和服务质量产生了积极的作用。但面对旅游业的日新月异和新经济时代的挑战,旅游人才建设也面临着一些亟待解决的问题:旅游从业人员素质不高,人才建设的不平衡性比较突出,人才建设开发尚未形成有效的市场机制,人才建设投入不足、创新不够等。其中以旅游从业人员素质不高最为突出,并在一定程度上影响和制约着我国旅游业的进一步发展。

大部分旅游企业举办的各类培训,往往过多注重业务素质的培养,如各种服务技能、外语水平和礼节礼貌等,却忽视了政治思想素质和心理素质的培养,忽视了职业道德意识的培养和职业养成意识的教育。如某机构对昆明市内 30 多家旅游涉外饭店的调查表明,约 15% 的饭店的新员工有时只进行 3 天左右的草率培训就仓促上岗,60% 的饭店对新员工进行 7~21 天的培训,15% 的饭店对新员工进行 30~60 天的培训。关键是大多数的培训只注重对员工进行业务技能的培训,其他方面的素质就很少或几乎不进行培训。

  这应该引起旅游教育者和企业管理者的高度重视。针对目前我国旅游业发展的需要和从业人员的实际情况,要加强对旅游从业人员的素质培养,主要包括政治思想素质、业务素质和心理素质的培养。业务素质容易培养,而每个人的政治思想、心理素质有很大差异且不宜培养。在旅游服务企业中,员工面对的是各种各样的服务对象,他们的文化背景、性格、风俗习惯、政治观点、从事的职业各不相同,因此,坚定的政治信念、遇事不乱的良好心理素质及较强的承受能力,对旅游服务企业的员工来说是必不可少的。其次对从业人员的教育、培养不仅要结合培养目标的需求培养好专业素质、专业技能,使从业人员具备娴熟的操作技能外,还要进行系统全面的科学文化知识、服务意识、个人修养以及外语、计算机、应变能力、学习能力、心理素质等方面的培养。

  5. 旅游者维权能力还有待提高。推动旅游市场健康发展的同时也需要消费者的自我保护意识的增强,成熟的消费者造就成熟的经营者,造就成熟的市场。旅游者首先应选择正规的有资质的旅行社,不能盲目相信低价格。在旅行过程中,明确旅游的目的,尽量避免各种人为的诱导消费,盲目消费。当旅游者的合法权益受到侵害时,应及时向旅游行业协会以及旅游管理部门投诉。

三、旅游行业伦理缺失的危害

1. 破坏市场经济的正常运行

  在现代市场经济的理念中,竞争是必然的现象,但竞争必须有序,必须讲诚信、讲道德,竞争必须受一定的道德约束和法律约束。竞争优势并不仅仅是靠有形的产品、技术来获得,更是要靠无形的形象去获得和维持,其中最重要的是企业的伦理道德形象。在市场经济中,如果在竞争中不择手段,损人利己,危害社会和公众,必然受到监管的制裁,受到道德的谴责,从而失去财富的源泉,使企业陷入经营困境。

  而旅游行业的伦理缺失,则意味着在处理旅游业与社会、旅游企业之间、旅游业者与消费者等多方关系时,没有按照平等、互利、互惠、公开、公正的市场原则来进行,而是采取一些不正当、不道德的手段损害国家的利益、竞争者的利益、消费者的利益,从而实现自身利益的满足。这样不仅破坏了公平竞争、平等互利等规则,破坏了市场经济的正常运行,使得整个行业陷入了恶性竞争的混乱之中,而且影响了中国旅游业在国际市场上的竞争优势。

2. 致使旅游业面临信任危机

"国内旅游业获得的消费者信任程度正在日渐降低,导致负面评价的影响因素越来越多,中国旅游业面临危机。"由零点调查 & 前进策略与东方企业家年度合作编制发布的《零点旅游服务传播指数——中国公众旅游服务传播指数 2005 年度报告》指出,2005 年,中国公众对于国内旅游业的信任程度仅为 67.6 分,而具有随团经验者的信任程度更低,仅 67.4 分,无随团经验者信任程度分值为 68.2 分。在零点研究咨询集团已经完成的五个服务行业的指数研究中,旅游业所获得的消费者信任程度仅高于保险业,并且旅游业是这五大服务行业中唯一一个表现出"用户评价水平低于非用户"特点的行业。调查显示,虽然选择旅行社服务成为大多数首次出游者的选择,但对旅行社信任程度的降低,将明显影响再次出游时的选择。专家指出,这将严重制约国内旅游业的发展。

调查还显示,签约容易履约难、行程和费用不透明、利益难保障、投诉效果不佳这 4 条,是导致消费者不信任旅行社的主要原因。而约定的参观项目减少(38.1%)、导游擅自改变约定的行程(34.3%)、导游安排不希望的购物活动(30.3%)、付费参观项目增多(19.5%)等位居不愉快体验排行榜前列。

在关键的导游服务评价上,受访者虽然普遍认可旅游业员工的专业能力,但是对于其职业自律性却不敢苟同。以前人们说"风景美不美,全凭导游一张嘴",现在人们说"旅游爽不爽,导游很关键"。近几年来,导游服务越来越成为旅游服务的软肋之一。消费者的不愉快体验大多集中在导游环节,如导游擅自减少约定的参观项目、导游擅自改变约定的行程、导游安排不希望的购物活动、导游增加付费参观项目、导游兜售商品等均是导致消费者不愉快体验的因素。由于这些违规的现象存在,大大地伤害了我们游客的感情,伤害了游客的利益,也伤害了旅游业长远的发展。

3. 损害了旅游目的地形象

专家认为,旅游目的地形象是个人对一个目的地的信任、意见及印象的总和。一个目的地形象是旅游目的地的生命,也是形成竞争优势的最有力的工具,一个较好的个性鲜明的形象可以形成较长时间的垄断地位,其垄断力的来源是产品与形象的差异化,而旅游目的地的产品形象雷同,形象模糊混乱,服务质量差都会影响到游客的旅游经历及对目的地的形象感知,从而影响到游客的满意度。我国幅员辽阔,旅游资源丰富,因此国内旅游及入境旅游的发展都非常迅猛,但是由于旅游质量的原因,导致旅游者尤其是组团旅游者对服务的满意度及信任度十分低,因此就国内旅游来讲,损害的是地方旅游目的地的形象,对国际旅游来讲,损害的是我国旅游业的形象。

4.伤害了旅游者

大众旅游的兴起,国民收入水平的提高,经济的持续发展,都促使众多的国民参与进入旅游大军。游客们旅游的最终目的是放松心情,增长知识,扩大视野。但是由于当前旅游行业的不规范化,从业人员的伦理缺失,导致了游客在旅游途中的不愉快,从而产生不满甚至是愤怒情绪。这对于旅游者来讲,无论是从经济角度还是在精神角度都是一种极大的伤害。因此,健全法律法规,强化行业标准,提高从业人员道德意识,势在必行。

第五节 旅游职业的伦理教育

古人云,"敬其事而事其食",因此,职业道德不仅是旅游从业人员的基本素质,同时也关系到旅游业的行业水平和企业形象,关系到旅游产业的兴衰。目前,我国各高校的旅游职业伦理道德建设还比较薄弱,表现为只注重对旅游伦理的研究,忽略对旅游伦理教育的研究;只注重对旅游从业人员的教育,忽略对旅游者的伦理教育;只注重旅游活动的道德教化功能,忽略学校教育与社会教育的结合。

一、旅游职业伦理教育的特征

1.素质教育。贝纳德·威廉姆斯(Bernard Williams)认为:"所有伦理价值都建立在素质的基础之上。素质是基本的,因为道德生活的实际方式存在于素质预定的可能性之中。素质本身就是伦理评价的对象,而且也是人们自身被认为是好还是坏的品德中的特征。……如果伦理生活要保护的话,那么,这些素质首先就要被保护。但是,与此相同,如果对我们的伦理生活要作有效的批判和改变的话,那么只能采取这样一种方式,即,能够被理解为适当地改变我们所具有的素质。"照此理解,旅游伦理应当建立在旅游素质之中,也就是说,旅游素质在旅游活动中占有重要的地位。旅游伦理教育的终极目标在于培养具有解决旅游伦理问题的能力、具备正确的旅游态度和价值观,并能做出理想的旅游行为的人。这本身就是21世纪素质教育的主题。因此,旅游伦理教育是素质教育的应有之义。

2. 文化教育。旅游实际上是社会文化发展到一定阶段的产物,文化是旅游的核心。在旅游过程中,传统文化与现代文化、民族文化与外邦文化、本地文化与异地文化相互交流、相互碰撞,促成了人类对自身发展的反思,不断创造出新的物质和精神财富。因此,缺乏文化内涵和品位的旅游无法满足旅游者的不同层次需求,如文化消费需求、智慧启迪需求、摆脱俗世的需求和洗涤心灵、完善自我的需求等。可以说,没有文化品位的旅游,是没有生命力的旅游。但是,目前我国旅游业出现的旅游文化商业化现象,使我国优秀的传统文化受到冲击,旅游文化的教育功能受到影响。要促进旅游业可持续健康发展,务必要加强旅游文化建设,弘扬中华民族优良的文化传统,发展旅游精神文明。

3. 普遍教育。现代旅游作为一种大众化的旅游,具有普遍性、复杂性,也就是旅游参加者的范围已扩展到普通的劳动大众,旅游活动在世界各地各个阶层都普遍开展起来。旅游已成为人人都可享有的权利。参加旅游的人数越来越多,旅游去处越来越远,群体性、规范性的旅游不断增加。参加到旅游活动中的人们各自有不同的目标与追求。从旅游者的角度来看,旅游是一种独特的存在和体验方式,是自我形构与重构的历程;对旅游工作者来说,旅游是一种职业;对旅游目的地居民、政府、旅游开发商、各旅游企业及旅游相关企业来说,旅游是一种经济活动……可见,旅游伦理教育作为一个社会性概念,它要面对的是旅游活动中的各种复杂关系,不可能像传统的道德教育那样只局限于学校的正规教育,而是把正规教育与职业教育、社会教育等非正规教育都包罗在内的普遍教育。

二、旅游职业伦理教育的途径

旅游伦理教育是一个系统工程,需要全社会和个人的共同努力。在旅游伦理建设的初始阶段,有效的途径主要包括学校教育、社会教育、职业教育和旅游教化等几个重要方面。

1. 学校是实施旅游伦理教育的第一课堂。通过学校教育向学生灌输旅游伦理知识,加强旅游伦理态度引导,培养旅游伦理意识,提升旅游伦理理性,强化旅游伦理主体的道德追求,塑造旅游伦理品格,是旅游伦理建设的一项基础性工作。目前与旅游伦理教育相关的一些课程仅限于自然常识、公民教育、生态环境教育等方面,远远不能适应我国旅游伦理的发展要求。因此,旅游伦理教育应纳入学校道德教育体系,渗透到学校的课堂教学中去,通过多种形式的学校教学活动,培养学生的旅游伦理观念,提升学生的旅游伦理素质。

2. 通过社会教育营造良好的伦理氛围。加强旅游伦理建设,需要大多数人身体力行,一方面需要个人反躬自省,同时也需要社会大力提倡,也就是动员全社会的力量,运用社会教育的途径帮助人们了解、认识并关心旅游伦理问题。社会舆论的广泛性和外在强制性对旅游伦理建设有着不可替代的作用。要通过广播、电视、报纸、杂志等媒体,调动新闻宣传多方面的社会力量进行旅游伦理教育,倡导文明旅游、谴责不道德的旅游行为,使旅游伦理观念成为全民的共识。通过多种社会教育形式营造"人人旅游,人人建设"的良好旅游伦理氛围。

3. 加强职业教育。旅游业实际上就是服务业。旅游从业人员的服务素质与服务水平如何,与他们所接受的专业教育和培训有直接的关系。《全球旅游伦理规范》中提到,"对专业人员的教育和培训有助于促进热情友好的接待"。加强旅游伦理建设,需要充分利用职业教育这个主要阵地。可以采取制定规章制度、组织培训班、非正式的信息沟通等丰富多彩、生动活泼的形式,并继续在旅游业中开展"爱祖国、爱城市、爱旅游行业、讲职业道德"的"三爱一德"教育和"优美环境、优良秩序、优质服务、使旅游者满意"的"三优一满意"活动,全面巩固和发展旅游伦理教育的成果。

4. 充分发挥旅游活动的教化功能。正确的旅游伦理观念是在长期的旅游实践中逐步形成的。一方面,通过直接的旅游实践活动,人们亲身感受到大自然的奥秘、人与自然和谐文化的神奇,认识到环境、资源、生态是人类共同的财富,把自然界看做人类生命的源泉和价值的源泉,从而建立起新的旅游伦理观念和价值标准;另一方面,游客行为如何通过旅游伦理的观念与价值观来降低其破坏频率,营造出理想的旅游品质,需要在旅游活动中进行实践和检验。将旅游伦理价值观念和旅游伦理规范应用到旅游活动中,培养游客对自然和文化的尊重,减少游客在旅游中的不当行为,既可以使游客在旅游活动中获得感官上的愉悦感,还可以使其从旅游活动中得到教育性的启示,这何尝不是一种终身学习。

三、旅游职业伦理教育的内容

旅游伦理作为一门新兴的应用伦理学,它的建设离不开对伦理学各方面积极成果的借鉴与吸收。在此基础上,根据旅游伦理教育对象的不同,旅游伦理教育的内容大致可分为以下几个方面:

(一)旅游者的伦理教育

1. 社会公德教育。社会公德是指人们在日常公共生活中所形成的和应当遵守的起码的行为准则。旅游者的社会公德主要体现在维护公共秩序的基本道德实践中。作为一国的公民,旅游者首先应该遵守公民道德。其次,在整个旅游过程中,旅游者的身份由一般公民变成了游客,应该遵守社会公德。良好的公共生活秩序是旅游业发展的基础和手段,而良好秩序的维护,不单纯是旅游从业者的责任,旅游者对此亦有着不可推卸的责任。在旅游地等公共场所,相互尊重、互相关心、互相帮助、诚实守信、文明礼貌、遵守公共秩序、见义勇为、助人为乐、爱护公物、维护环境等社会公德是旅游者道德形成和发展的基础。在旅游实践中人们发现,往往来自文明程度较高的国家和地区的旅游者,通常能比较自觉地遵守旅游道德规范。因此,为了造就行为文明、品德高尚的旅游者,应该大力加强公民道德建设与社会公德教育,提高国民的整体道德素质。

2. 生态伦理教育。旅游是人类回归自然的重要途径。我国旅游资源丰富而独特,是一个旅游资源大国。但是相对于旅游业飞速发展、旅游者数量倍增的现实情况,旅游资源仍然是有限的。然而由于认识不足以及经济利益驱动等原因,在旅游业发展的过程中,出现了从旅游资源开发者、经营组织者到旅游者挥霍旅游资源、污染与破坏生态环境的现象。这种现象严重背离了旅游可持续发展的原则和要求。实现旅游的可持续发展不仅需要制度、政策与法律的约束,更重要的是要运用旅游伦理的调控功能来调节人们的旅游行为,以人们自觉自律的行为来保证人与生态环境的协调发展。近年来生态伦理学的研究和发展为旅游可持续发展提供了伦理支持,也为旅游伦理教育提供了良好的理论基础。尊重自然、保护环境、与自然和谐相处是坚持旅游可持续发展的原则规范之一,也是旅游者应遵循的最基本的旅游伦理要求。要使这一旅游伦理标准深深扎根于旅游者的旅游意识中,内化成为旅游者行为的基本准则,生态伦理教育是关键。通过生态伦理教育,使旅游者在旅游活动中转变人类中心主义的思维方式,彻底更新传统的与自然为敌的价值观念,自觉地用旅游伦理规范约束自己的行为,树立良好的生态意识和环保观念,从而防止旅游资源破坏和旅游环境污染,改善旅游环境,促进旅游经济建设与资源环境的协调发展。

3. 交往伦理教育。旅游是与异己相遇的行为模式,是人际交往的一种形式。旅游者作为特定的伦理主体需要更多地处理与"陌生人"的关系,即旅游地居民、旅伴和旅游从业人员。旅游者的交往伦理教育首先体现在对旅游地各种不同的历史文化差异的尊重与理解方面。早在1985年世界旅游组织第六次大会通过的《旅游者守则》中,就要求旅游者要以受教育者的身份去领略作为人类整个财富不可分割的一部分的当地文化。《全球旅游伦理规范》在第四条中也提到:"当怀着一种非常开放的观念从事旅游活动时,它便成为自我教育、相互容忍和了解不同人民和文化之间的合理差异及其多样性的一种不可替代的因素。"但我国旅游者往往在旅游之前,对前往的地区和国家缺乏应有的了解,以致不时出现一些冒犯和触怒旅游地居民的现象。同样,在处理与旅游从业人员的关系时,旅游者要认识到旅游从业人员与自己处于平等地位,旅游者在充分享受旅游消费者权利的同时,也应该尊重旅游从业人员的人格尊严和辛勤劳动。至于旅伴之间来自不同的地方、从事不同的职业、具有不同的性格、遭逢不同的际遇,更需要相互关爱。因此,建立生人有助、相互尊重、相互关心、以礼相待、融洽和谐的人际关系是旅游交往伦理的重要内容。进行交往伦理教育,要求旅游组织和经营者不仅要提供良好的旅游物质条件,而且要努力营造相互尊重和相互信任的氛围,建立平等互助的新型人际关系,促进旅游经济和社会道德的发展。它也要求旅游者在旅游活动中注重陶冶情操,不断完善自我,自觉创造熟人之间和谐的人际关系,从而使整个社会呈现出良好的精神风貌。

(二)旅游利益相关者的伦理教育

旅游利益相关者的构成极其复杂,因而旅游伦理教育的内容也呈现出一定的复杂性。除上述旅游者伦理教育的内容完全适用于旅游利益相关者之外,还应包括如下内容:

1.职业道德教育。人类社会在经历了农业革命和工业革命之后,正在进入服务业革命时代。旅游业正经历着一场涉及服务观念、服务艺术和生活方式的"旅游革命"。随着国家和社会对旅游业的期望和要求越来越高,必然对旅游从业者的职业道德素质提出更高的要求。目前,各级旅游管理部门和各类旅游从业人员对于旅游职业道德问题的重视程度日益提高,旅游职业道德观念已逐渐渗透到旅游从业者队伍的群体意识之中,这些都为旅游伦理教育的进一步研究和发展提供了条件。但是我们应该看到,我国系统地开展旅游职业道德和旅游伦理的研究与教育的时间并不长,还不能完全适应新形势的要求。我国加入WTO后,与世界旅游的接轨和国际旅游竞争的加剧,势必会对我国旅游业特别是旅游从业人员提出更高的要求,而我国的旅游从业者在综合素质方面,特别是在职业道德素质方面,无疑还存在着许多的不足和差距。因此,要使我国旅游从业人员的职业道德素质在一个不太长的时间里有一个比较大的提高,加强对旅游从业人员的职业道德教育是当务之急。

2. 经济伦理教育。在旅游利益结构中,经济利益、环境利益和社会文化利益等各种利益关系更多地表现为矛盾运动,即总是处在尖锐的冲突中。解决这一系列旅游利益冲突的调控方式,除了政治法律手段之外,还离不开旅游伦理正确的价值导向。旅游活动作为一种经济活动,追求经济利益最大化是旅游行业的根本准则,这就意味着经济利益冲突是旅游利益结构中最重要的一种矛盾运动,贯穿于旅游活动的每个过程、每个旅游利益相关者、每个旅游领域之中,经济伦理也就成为调节经济利益冲突的一种重要形式。旅游业不仅仅是一个经济部门,而且还代表着一个国家和社会的地位和形象,应从中国旅游业发展的长远利益出发,在经济发展中兼顾社会和文化的发展。在市场经济体制下,加强旅游利益相关者的经济伦理教育,应通过社会经济伦理协调和经济行为自律,通过政府和市场的引导等渠道培养与旅游经济相适应的社会经济伦理,通过"看不见的手"协调和统一义与利的关系,从而使旅游利益相关者能够突破利益的羁绊,主动承担文化发展、环境保护和伦理教育的责任,处理好旅游业经济效益和社会效益的关系,坚持"君子爱财,取之有道",建立旅游者和旅游企业之间良好的合作基础。总之,加强旅游经济伦理教育,防止旅游活动过程中不良的经济秩序,建立公平、公正、公开与和谐的市场经济秩序,对实现旅游可持续发展具有至关重要的作用。

思考题:
1. 什么是职业道德,其基本要素有哪些?
2. 旅游职业道德有哪些方面的特征?
3. 旅游从业人员应具有哪些基本的职业道德,试分析其重要性。
4. 就旅游从业中的"诚实守信"谈谈自己的看法。
5. 试析旅游行业伦理缺失的原因及危害。

第八章 旅游职业道德要求的内化

第一节 旅游职业道德修养与职业道德教育的要求

要提高我国旅游业的职业道德水平,必须要求每个旅游从业人员在接受职业道德教育的同时,加强职业道德修养。为了使从业人员有效地进行职业道德修养与接受职业道德教育,必须首先明确职业道德修养与职业道德教育的要求。

一、旅游职业道德修养与旅游职业道德教育的含义

1. 什么是旅游职业道德修养

在社会生活中,修养是一个含义广泛的概念,包括人们政治、思想、道德、艺术、技术等方面的修养。"修"的本意是整治、修正、提高之意;"养"的本意是培育、生长之意。所谓修养,主要是指个人在政治思想、道德品质、知识技能等方面所进行的勤奋学习和自我修练的功夫,以及经过长期的主观努力所达到的一种工作能力和思想境界。伦理学中所讲的"道德修养",就是指人们在思想品质、思想意识方面的自我锻炼和自我改造,也可以说,是道德上的自我教育。它包括两个方面:一是用一定的道德原则和道德规范来反省、检查、约束自己;二是由于在实践中不断进行这种反省而逐步形成了某种情操,达到某种道德境界。我们一般说的"道德修养",主要指前一种意义。

道德修养是一种重要的道德实践活动,是道德品质形成和道德人格塑造的重要途径,是道德职能和社会作用得以实现和充分发挥的重要杠杆。那么,什么是旅游职业道德修养呢?旅游职业道德修养是指从业人员在旅

游职业活动中,按照旅游职业道德的基本原则和规范,在旅游职业道德品质方面的自我锻炼、自我改造、自我陶冶、自我教育,使自己的道德品质达到崇高的精神境界。

2. 什么是旅游职业道德教育

道德教育是指一定社会为了使人们接受和遵循其道德体系,自觉履行某种道德义务,有组织、有计划、有目的地用其道德体系对人们施加影响,使之形成一定社会所要求的道德品质的一种活动。道德教育是道德建设的重要形式,在社会的道德建设中起着重要作用。一种道德最终能否被社会所接受,关键固然在于它能否反映社会道德关系的本质,是否符合社会发展的道德必然性,但是,这种道德究竟在多大程度和何种范围内为人们所接受,却取决于道德教育的成败好坏。从某种意义上讲,没有道德教育,任何一种道德想要引导人们的社会生活是不可能的。正因为如此,古往今来,它一直备受各朝代、各阶级的思想家和伦理学家的重视。

道德教育是使一定社会的道德原则和规范转化为人们内在的道德品质、培养理想人格、形成良好社会风尚的重要手段。

什么是旅游职业道德教育?旅游职业道德教育是指为了使旅游从业人员接受和遵循旅游职业道德体系,自觉履行旅游职业道德义务,有组织、有计划、有目的地用其道德体系对旅游从业人员施加影响,使之形成一定社会所要求的旅游职业道德品质的活动。

3. 旅游职业道德修养与旅游职业道德教育的关系

旅游职业道德修养与旅游职业道德教育都是旅游职业道德活动的形式,两者既有区别又有联系。一般地说,旅游职业道德教育是指他人对旅游从业人员进行教育,而旅游职业道德修养则是指在旅游职业活动中旅游从业人员自己对自己进行教育。二者关系密切,可以说,没有旅游职业道德修养,旅游职业道德教育就不可能取得应有的效果。因为职业道德教育仅仅是形成人们道德品质的外因,外因必须通过内因起作用,所以,道德品质形成的关键在于个人的努力。在现实生活中,也有大量的事实证明,在相同的外界条件下,有的人进步快,有的人进步慢,有的人索取小费,有的人拾金不昧,其中一个很重要的原因就是是否重视道德修养。因此,旅游从业人员如果希望自己在事业上有所成就、有所进步,对旅游业有所贡献,除了接受职业道德教育之外,必须加强职业道德修养。

二、旅游职业道德修养与教育的要求

旅游从业人员进行职业道德修养与接受职业道德教育的基本要求：一是努力培养高尚的职业道德品质，二是不断提高道德境界。

（一）努力培养高尚的职业道德品质

培养高尚的道德品质，是道德修养的根本要求，也是个人"完善自我"和社会进步的要求。而一个人的职业道德修养，是反映其道德品质的一个重要指标。在建设有中国特色社会主义的今天，结合旅游业的职业要求，旅游从业人员在职业道德修养与接受职业道德教育的过程中，应努力培养以下职业道德品质：

1. 忠实。忠实，就是忠贞不二，尽心尽力，实实在在。忠实于祖国，忠实于人民，忠实于社会主义，忠实于自己所从事的旅游事业。尽心尽力为祖国、为人民、为社会主义服务。忠实是善的品质，在日常生活中的表现就是兢兢业业地做事，踏踏实实地做人，不偷懒耍滑，不阳奉阴违。

2. 无私。不得为了自我的私利，损害他人或社会的利益，不得化公为私。

3. 正直。在处理各种关系和问题时，要胸襟坦荡、富于正义感，敢于坚持原则、坚持真理、嫉恶如仇、廉洁奉公。面对邪恶，不逃避，敢于斗争。必要时要为国家、为人民、为旅游事业和旅游者的利益情愿作出自我牺牲。

4. 热忱。以主人翁的意识把对人民和旅游事业的忠诚化为巨大的工作热忱。在工作和生活中勤奋进取，积极向上，敬业乐业，敢于开拓，敢于创新，以高度的责任心和责任感对待工作。

5. 谦逊。即谦虚谨慎。谦逊是一种虚心好学、尊重别人，能正确对待成绩和荣誉的良好品德。每个旅游从业人员只有养成谦虚谨慎的品德，才能在旅游活动中做到严于律己、礼貌待客和谦虚待人。

6. 诚实。就是诚实无妄、诚信无欺。要求做到言行一致、表里如一，遵守诺言、履行契约、说到做到，不蒙骗、不作假。

优秀的职业道德品质是在一定的社会环境和物质生活条件中，通过一定的职业实践和教育熏陶，以及个人自觉的锻炼和修养而逐步形成的。每个旅游从业人员都应努力做到忠实、无私、正直、热忱、谦逊、诚信，做一个职业道德品质高尚的从业人员。

（二）努力提高道德境界

道德境界是指人们从一定的道德需要出发，通过接受道德教育和进行道德修养,所达到的道德觉悟程度以及所形成的道德品质状况和精神情操水平。道德境界是一个社会历史性范畴。道德发展的历史证明,不同时代、不同社会、不同民族总有不同的道德境界。道德境界作为一种道德意识现象,作为一种觉悟水平,它是由人们所处的社会物质生活条件和在社会生活中的地位决定的,又是人们的世界观和人生观的表现。

　　道德境界犹如阶梯,有着不同的层次与等级。在我国现阶段,因为个人利益和社会整体利益的关系是道德底蕴的集中表现,是正确认识不同道德境界的中心议题,是人们道德境界的体现,因此,认识和处理个人利益和社会整体利益的关系就成了划分道德境界的主要依据。根据人们对个人利益和社会整体利益关系的认识及其态度,可以把现阶段人们的道德境界区分为如下四种类型:

　　1. 损人利己的道德境界

　　处于这种道德境界的人,一切都以是否有利于自己的私利为出发点。他们行动的唯一动机和目的,就是满足自己的私欲。他们的处世哲学是"人不为己,天诛地灭"、"人生在世,吃喝玩乐"、"做人的诀窍就是为自己"等。他们唯利是图、损人利己、损公肥私,为达到个人目的,可以不择手段,如贪污盗窃、弄虚作假、坑蒙拐骗,甚至抢劫杀人。在这些人心中,似乎人在世界上除了赤裸裸地追求私利之外,再也没有什么可值得追求的东西。对于处于这种境界的人,要对他们加强法制教育与道德教育,促使他们转变思想。

　　2. 合理利己主义的道德境界

　　这种道德境界在我国现阶段具有相当的普遍性。处于这种境界的人,企图利己但不损人,总是声称在谋取个人利益时兼顾他人利益,并不损害他人利益。应该对这部分人加强正面引导,防止遇到障碍和诱惑时滑入损人利己的深渊。

　　3. 先公后私的道德境界

　　处于这种境界的人具有社会主义道德觉悟。在处理个人与他人、个人与集体的关系中,他们能够先公后私、先人后己,个人利益服从集体利益,在维护集体利益的前提下,追求并实现个人的正当利益。在我国现实社会中,具有这种境界的人已为数不少,这是社会主义初级阶段提倡的较高层次的道德境界。

　　4. 公而忘私的道德境界

　　这是道德的最高境界和理想境界。处于这种道德境界的人,一切言行都以是否有利于社会利益为准则,廉洁奉公、公而忘私、助人为乐、全心全意为人民服务。他们毫不计较个人得失,为了社会的进步,呕心沥血、鞠躬尽瘁、死而后已。就今天而言,只有少数先进优秀人物能达到这一境界,对于大多数社会成员来说,还存在一定距离。这是应当大力倡导和宣传的道德境界,因为这是推动社会经济发展和全面进步所需要的、代表优秀和进步的理想人格和人品的最高道德素质,也是旅游从业人员努力的方向。

每一个旅游从业人员都应该自觉接受职业道德教育,加强自身的职业道德修养,努力逐步提升自己的道德境界,争取达到公而忘私的最高境界。

第二节 旅游职业道德修养与职业道德教育的内容

旅游从业人员的职业道德修养与教育的内容是十分丰富的,其中主要内容包括两个方面:职业道德意识和职业道德行为的修养与教育。具体又分为职业道德意志、职业道德情感、职业道德意识、职业道德信念和职业道德行为习惯等五个方面。只有经过这五个方面的修养与教育,职业道德才能实现由普遍化到个体化、由外在化到内在化的转化。

一、提高职业道德认识

职业道德认识是指职业道德知识的获得和职业道德观念的形成,是职业道德修养与职业道德教育的起点。德谟克利特说过:"对善的无知是犯错误的原因。"人们只有对一定的道德关系及其道德要求有清醒而深刻的认识,才能培养起良好的道德行为和道德品质。

作为旅游从业人员,首先必须懂得和理解旅游职业道德的道德理论、原则和规范,在获得这些知识的基础上,才能形成职业道德观念。而职业道德观念的形成,又是一个由浅入深、由简单到复杂、由感性上升到理性的发展过程。只有把旅游职业道德的理论、原则、规范转化成明确、坚定的道德观念,才能以它为标准来选择自己的行为,进而形成一定的职业道德品质。它是职业道德情感产生的依据,是锻炼职业道德意志的内在动力,是树立职业道德信念、决定行为倾向的思想基础。旅游从业人员从道理上懂得了什么是真善美、什么是假恶丑之后,便能加深认识,提高自己的判断、评价能力,并能在工作实践中分清二者的界限。

二、陶冶职业道德情感

职业道德情感,是从业人员依据一定的职业道德观念,在处理工作中的道德关系和评价某种行为时所产生的情绪体验。职业道德认识的提高为职业道德行为选择提供了认识基础,但并不能保证从业人员真心实意地按所认识的要求去承担自己的义务。这里就有一个情感问题,列宁认为,"没有人的情感,就从来没有也不可能有对于真理的追求"①。因此,要使旅游从业人员自觉履行自己的道德义务,就必须培养他们乐善厌恶、慕正压邪的道德情感。职业道德情感主要包括以下几种:

(1) 正义感

正义感是一种最基本的也是高尚的道德情感。它是以公正、平等为前提,以公正的态度来对待和处理人与人之间的关系,维护国家的利益和人民群众的合法权益,维护社会主义的政治、经济、法律、政策、纪律。富于正义感的人坚持公正,反对偏私,敢于坚持原则,同一切危害国家、集体和他人利益的言行作斗争,能做到仗义执言、见义勇为、嫉恶如仇、刚正不阿。这种正义感是在同不公正的社会现象作斗争的过程中形成的,是品德正直的表现。旅游从业人员必须具有这种高尚的道德情感,才能在职业活动中抵制各种不正之风,维护国家尊严和旅游者的正当权益。

(2) 义务感

义务感是在道德上对社会和他人尽到责任,是人们在履行自己的道德责任过程中产生的一种内心的体验和道德情感。它既是道德行为的出发点,也是激励人们实现某种道德目标的动力。一个具有强烈道德义务感的人,必然是一个责任心强、能自觉履行社会义务、具有较高道德觉悟的人。义务,实际上是一种被认识到了的客观道德责任。对于旅游从业人员来说,培养社会主义职业道德义务感,充分认识自己的道德责任,是做好本职工作的前提。因为只有具备了强烈的道德义务感,才能真正做到为旅游者热忱服务,对旅游者真诚相待,对旅游业恪尽职守。

(3) 良心感

良心感也是一种道德责任感。它是人们就自己的行为在同他人和社会的关系上,富有道德责任的自觉意识和相应的自我评价能力,是一种对自身行为是非、善恶的内心体验。良心是一个人道德上的理性观念、情感和意志力的总和,在道德行为的选择中处于支配地位,指导着行为的选择。良心是内心信念的具体体现,和社会舆论共同起着维护社会道德风尚的重要作用。有良心感的人,为人正直、诚恳,能时时处处为他人和社会集体着想,不忍心

---

① 《列宁全集》第 20 卷,人民出版社 1989 年版,第 255 页。

损害他人和集体的利益,对人能宽大为怀,以德报怨。在多种利益矛盾尖锐的情况下,良心感能促使人们选择道德行为,纠正不良动机,自觉遵守道德规范。尤其是在无人监督或别人无法干预和社会舆论难于发挥作用的场合,良心感的监督、评价作用就更为重要。旅游业的特点之一,就是从业人员分散或单独活动多。在旅游接待服务过程中,有许多事情是从业人员在无人监督或别人难于干预的情况下进行的,这就需要从业人员对旅游事业和旅游者有极端负责的良心感。

(4)荣誉感

荣誉是在人们履行了道德义务,做了有益于社会和他人的事情后,社会给予的肯定评价和褒奖赞扬。对这种肯定评价、褒奖赞扬感到的由衷喜悦和自豪就是荣誉感。荣誉必须以义务为前提。只有积极自觉地履行义务,把履行义务作为根本出发点,才谈得上荣誉。因此,荣誉不是目的,只是履行义务的结果。如果把荣誉看做个人的欲望和目的,荣誉感就变成了虚荣心。个人荣誉和集体荣誉是密切相关的,没有集体的支持,就谈不上个人的成绩和荣誉。因而集体的荣誉总是高于个人的荣誉。旅游从业人员一定要正确对待荣誉和义务,在职业实践中多作贡献,为企业争得荣誉。

(5)幸福感

幸福感作为一种道德情感,是人们在社会实践中由于实现了自己的目的和理想而获得的一种精神上的满足。由于人们的世界观不同,追求的目标和理想不同,对幸福的理解也完全不同。享乐主义者以吃喝玩乐为幸福;拜金主义者以获取钱财为幸福;追求权力、名利的人以得到权力、名利为幸福;为人民服务的公仆以"俯首甘为孺子牛"为最大幸福;献身科学的人以取得科学成果为最大幸福。个人主义者往往在追求个人的幸福时不惜损害集体利益,把自己的幸福建筑在别人的痛苦之上。那么,追求什么样的目标和理想才是正确的呢?把幸福建立在利己主义,还是建立在集体主义的基点上,反映着两种本质不同的幸福观。马克思主义伦理学认为,后者是道德的,前者是不道德的。没有人民的整体的幸福,就没有个人的幸福。个人幸福只有在人民的幸福不断增长中才能得到保障;个人也只有在为人民服务中作出贡献,得到人民的尊重和赞誉,才能在内心里真正获得幸福的感受。仅仅为追求个人幸福而奋斗的人,得到的只能是可怜的、自私的快乐。

每一个旅游从业人员一定要加强旅游职业道德情感的陶冶,树立全心全意为旅游者服务、为我国旅游事业腾飞而奋斗的理想,在工作实践中,在为实现理想的奋斗中找到自己的幸福。

三、锻炼职业道德意志

职业道德意志是人们在履行职业道德义务的过程中所表现出来的自觉克服困难和障碍的力量和毅力。一个人如果仅仅具有职业道德认识和职业道德情感,没有坚定的职业道德意志,也不能很好地履行自己的职业道德义务。因为在履行职业道德义务的过程中,往往会遇到来自各方面的困难和阻力:在客观方面,会遇到外部社会历史条件的制约、亲朋好友的误解或责备等;在主观方面,会遇到个人能力的限制、个人利益冲击、情绪状态的干扰等。在这种情况下,如果没有坚强的道德意志,就不能克服困难,就不能勇于牺牲个人利益、战胜邪恶和私利,就不能把善和正义发扬光大,这样,就可能知难而退、半途而废。因此,培养和锻炼道德意志,是把职业道德认识和职业道德情感转变为道德行为的重要环节,是形成职业道德品质的重要因素。

对广大旅游从业人员来说,一定要有顽强的职业道德意志,才能做到不怕苦、不怕累、不怕脏、不怕忙,以接待服务好宾客为己任,才能在涉外活动中或在多种腐朽思想、不良风气的侵蚀下,保持高风亮节,保持高尚的国格、人格。

四、确立职业道德信念

职业道德信念是深刻的职业道德认识、炙热的道德情感和顽强的职业道德意志的有机统一,是人们献身正义事业的精神支柱,是一个"信"的问题。牢固地确立职业道德信念,不仅能以强烈的职业道德责任感去履行职业道德义务,而且能以坚韧不拔的毅力,排除一切艰难险阻,使正义的行为一以贯之,取得应有的良好效果。旅游从业人员要坚信社会主义旅游职业道德体系的进步性与合理性,形成坚贞的社会主义旅游职业道德品质,为社会主义旅游事业奋斗终身。

五、养成职业道德习惯

职业道德习惯,是建立在高度自觉基础上的自然而然的持续性的职业道德行为。它是衡量一个人职业道德水平高低、职业道德品质好坏的客观标志。看一个人是否具备高尚的职业道德品质,不在于他的言论多么动听,而在于他的言行是否一致,是否始终如一地把职业道德原则与职业道德规范贯彻到实际,步履一贯地养成职业道德习惯。要达到这一目的,必须主观上加强职业道德的修养,客观上自觉接受职业道德教育。

旅游职业道德水平的高低，最终以广大员工的职业道德行为为尺度。广大旅游从业人员应时时处处以旅游职业道德规范的具体要求作为自己的道德行为的准则，养成职业道德习惯，提高旅游职业道德水平。

以上五个方面并不是彼此孤立、毫不相干的，而是相互联系、相互影响的。对于一个旅游从业人员的职业道德品质的形成来说，职业道德认识的提高是前提，职业道德情感的陶冶和意志的锻炼是两个必要的内在条件，职业道德信念的确立是保证，职业道德习惯的形成则是最终结果。

第三节　人生价值与旅游职业道德修养和教育的方法

人的一生应该怎样度过才有意义？作为新时代的青年和旅游行业的工作者，认清自己的人生价值和目标，对自觉进行旅游职业道德修养、接受旅游职业道德教育，对我们进入社会工作都有很重要的意义。

一、人生价值

价值是一个极为普遍的概念，社会生活的一切领域都存在价值问题。人每时每刻都在同周围的事物和现象发生各种各样的关系，其中就包括价值关系。所谓价值关系是指外界物所具有的满足人的需要的特性和功能。这里的"外界物"是客体，"人"则是主体。价值就是客体满足主体需要所具有的用途和积极作用。人也是一种存在物，作为客体也具有满足主体（他人、社会、集体等）的需要的属性。但人与其他存在物根本不同，其他存在物无论是物质的还是精神的，在价值关系中只能作为客体，而不能作为主体；人则不然，他在价值关系中既可以是客体，又可以是主体。人作为价值客体，具有通过其自身的实践活动创造物质的或精神的财富去满足自身和他人需要的特性；人作为价值的主体，又具有要求满足自身需要的特性。人的价值关系中表现出来的这种二重性是人的价值的最显著特点。

（一）人的社会价值和自我价值

人的价值具有二重性，具体地表现为个人的社会价值与自我价值。个人的社会价值是指个人通过自己的实践活动为满足社会或他人物质的、精神的需要所作出的贡献和承担的责任。它的主要表现包括以下两个方面：

一方面，人生的社会价值表现得越强，创造越多，对社会的贡献越大，其社会价值也就越大。由于人们有较大的个体差异，劳动能力和表现不同，对社会的贡献不同,其所表现出来的社会价值也会有一定差异。但是,人的社会价值的大小不完全取决于人的劳动能力的强弱。一个人能力再强,如果利欲熏心,这样的人就不会有什么社会价值可言了,他甚至可能利用自己的能力去做一些有损他人和社会利益的事情,这样的人社会危害性更大;相反,有的人尽管个人能力不是很强,但乐于奉献,所作所为都有利于他人和社会,同样也能实现自己最大的社会价值。正像毛泽东所说,一个人的能力有大小,但他只要有全心全意为人民服务的精神,他"就是一个高尚的人,一个纯粹的人,一个有道德的人,一个脱离了低级趣味的人,一个有益于人民的人"。我们的旅游工作者是否也将自己的人生定位在为人民服务的宗旨上,是我们职业道德中最核心的部分。

另一方面,人生社会价值的表现是自我人格所特有的社会作用与社会影响。人格是一个人在其生活活动中表现出来的无形的精神力量。高尚的人格具有巨大的示范性和感召力,是激励人自我发展的动力,具有永恒的价值意义。人的生命是有限的,而人格的作用和影响却可以是无限的。无论是历史上,还是在现实生活中,我们都会看到,有的人不仅事业有成,其人格也十分高尚,这种人既实现了自我价值,又创造了巨大的生活财富,为人们所敬佩;有的人虽然事业上颇有成就,但人格上十分卑劣,这种人就算拥有丰厚的物质条件,也不会为人们所称道。一个人只有致力于社会进步事业,才能充分发挥自己各方面的才能,创造出巨大的社会价值。

自我价值是指在社会生活和社会活动中,社会对个人和自己对自己作为人的存在的一种肯定关系。这种关系包括两方面的内容:

第一,人作为人的存在就要有人的尊严,要自尊、自信、自爱、自强、自立等。没有这一切,所谓作为人的存在,实际上是实现不了的;第二,社会应能提供保证个人的尊严、满足个人的需要的物质的和精神的条件和手段。如较好的物质生活和文化生活的条件,健全的法律制度等。没有这些,所谓作为人的存在,也是不真实的。

每个人的人生价值都包括自我价值与社会价值,二者在本质上是统一的。个人与社会是密不可分的,人的自我完善同社会的发展是互为前提和互相作用的。个人只有把自己同社会、他人联系起来,积极地为社会作贡献,才能实现社会价值。

旅游行业的生活是丰富多彩的,我们的旅游从业人员也应当在创造中收获、在奉献中获得。我们应抱着积极的心态,在自己的本职岗位上好好学习、努力工作,做出一番骄人的业绩,来回报社会对我们的付出。

（二）人生价值的实现

我们探讨人生价值，目的是为了充分实现人生价值。人生价值的实现必须具备一定的主客观条件。

1. 实现人生价值的客观条件

人生价值的实现只能在一定的生活历史条件下进行，需要以一定的生活条件为前提。这些条件是多方面的，既包括经济的，也包括政治的；既有物质的，也有精神的；既有现实的，也有历史的。这些条件相互作用，影响人生价值的实现。例如，一个国家的科学技术发展水平和教育水平势必会影响一个人受教育的状况，影响人才的培养，而接受教育后达到的知识水平又在很大程度上决定人们能力的大小。从历史发展来看，社会的政治制度、经济制度、文化制度和历史传统都会对人生价值的实现产生重大影响。

随着社会的不断进步，人生价值的实现条件也在不断改善。正如马克思所说："人们自己创造自己的历史，但是他们并不是随心所欲地创造，并不是在他自己选定的条件下去创造，而是在直接碰到的、既定的、从过去承继下来的条件下创造。"时代给了我们更多选择的机会，也给了我们更多的要求。

人生价值的实现离不开社会集体。如果说，社会的历史条件是人生价值实现的大环境的话，那么，每个人所处的一定的社会集体就是人生价值实现的小环境。拥有社会集体的良好氛围、真诚合作、相互支持，是事业得以正常进行必不可少的客观条件。社会大环境是人们赖以生存和发展的根本条件。小环境为人生价值的实现提供直接的活动对象，比社会的大环境对人的影响更直接、更强烈。不管什么人，如果离开社会集体，就难以创造出价值。

旅游就在我们的身边，我们每一个从业人员不仅是旅游服务的提供者，更可能是旅游服务的接受者。我们的行动直接反映我们在自身的环境中所受到的影响，我们的职业行为也会为社会和旅游者带去我们美好的或恶劣的感受。

社会环境和历史条件是人生价值实现的外在因素，而不是内在因素。这些外在因素为人生价值的实现提供的只是可能性而不是现实性。外在因素终归要通过内在因素发挥作用，但是，内在因素能否发挥作用，在有的情况下不完全取决于主体自身，它也取决于外部条件的变化。

比如说，在20世纪90年代初，美国的航空业经常以最安全的服务著称。而在1991年发生了灾难性的空难事件，为挽救乘客，机组人员伤亡惨重。大量乘客的生命得到挽救的同时,多名空中乘务员和副驾驶飞行员献出了宝贵的生命。服务行业从业人员临危不惧,依然保持着献身精神确实难能可贵。

2. 实现人生价值的主观条件

实现人生价值的主观条件是多方面的,主要包括:

第一,树立崇高的价值目标。价值目标是一个人行为活动的最终目的,是一个人全部思想和行为的内在精神动力。人人都有自己的人生价值目标,不同的价值目标会把人引向不同的道路。一般说,一个人所确立的目标越崇高,他就会越勤奋,他的才智也将发挥得越充分,对社会的贡献就会越大;相反,一个人没有远大的理想,一切仅从个人需要出发,为日常琐碎目标和低层次的需要所支配,只能平庸地度过一生。

马克思说:"历史承认那些为共同目标劳动因而自己变得高尚的人是伟大人物。"崇高的价值目标是人生前进道路上坚强的精神支柱。由于人生价值的大小取决于人自身对社会贡献的大小,因此,我们必须从祖国和人民的整体利益出发来确立自己的价值目标,按社会进步的要求来设计自己的人生。只有为人民、为社会贡献自己所有的聪明才智,才能真正无愧于时代、无愧于人生。

旅游行业是最接近社会,为社会服务、为大众服务的行业。我们的从业人员是否都已经选择好自己的发展目标和自己将终身为之奋斗的方向了呢? 社会是一面镜子,它让我们在职业的影像中看见自己,我们也应当在社会中、在职业中找到自己的位置,并为之奉献自己的全部热情和聪明才智。

第二,提高科学文化素质,增强自己的创造能力。在当今世界,提高科学文化素质是时代的客观要求。科学技术的发展日新月异,科学技术的成果越来越广泛地进入人们的生活领域,改变着人们的生活方式,并且还将不断地推动社会向前发展。年轻人要想实现自己的人生价值,在新的科技革命的时代要为社会作贡献必须努力学习创造社会物质财富和精神财富所必需的知识、技能,不断用新的知识、智慧去丰富自己的头脑,不断培养自己的创造能力。过硬的专业技能、良好的语言表达和沟通能力是对旅游从业人员的基本要求。旅游工作者不仅要有好的气质、礼节礼貌,更要有扎实的职业专长,甚至要一专多能、全面发展,才能在激烈的社会竞争中立于不败之地。

第三,加强道德修养,提高道德素质。道德是调整人们之间以及个人和社会间关系的手段,它本身就具有重要的价值属性,无论对个人还是对社会都会产生重要影响。高尚的道德品格和行为对人有巨大的鼓舞作用和教育意义。我们旅游从业人员要加强自己的道德修养、积极参加社会主义现代化建设,在职业竞争中充分发挥自己的才能,敢于进取,实现自己的人生价值。

第四,提高心理素质、不断磨炼意志品格。人的任何活动都伴有心理因素的作用,一个人在实现其人生价值的过程中,同样不能摆脱心理因素的影响。心理因素主要包括意志和情感。果敢、坚韧和自制力是一个人难能可贵的意志品格。在得意时不要忘形,在失意时不要气馁。在顺境中不自喜、自骄;在逆境中也不自悲、埋怨,以平常心去对待生活。如果旅游从业人员在遇到了挫折和委屈时放弃了工作的热情,放弃了为人民服务的宗旨,那我们的工作结果又会怎样呢?胜不骄、败不馁、勇往直前、锐意进取才是新时代旅游工作者应具备的素质。

我们要实现人生价值,还必须通过一定的途径去完成。积极参与社会实践,是实现人生价值的必由之路和唯一途径。只有在实践中才能完成既有的价值目标,实现人生价值。旅游职业道德修养与教育作为造就旅游业合格人才的一种活动,必须要有科学的方法。

二、旅游职业道德修养的方法

(一)坚持理论联系实践

社会主义旅游职业道德修养要求理论和实践的统一、言行一致。所以,理论和实践相结合是道德修养的根本方法,是马克思主义伦理学和多种旧伦理学在修养问题上的本质区别。进行道德修养,之所以必须以社会实践为基础,与实践紧密结合,原因如下:

首先,只有投身到改造客观世界的实践中去,才能真正使自己的主观世界得到改造。人们的道德意识是社会实践的产物;社会实践也是检验一个人道德意识是否正确、道德品质是否高尚的唯一标准。只有在实践斗争中,在处理与他人的各种关系中,才能认识到自己的哪些行为是道德的,哪些是不道德的。同样,要克服自己的不道德的思想和行为,培养高尚的道德品质,也只有在改造客观世界的斗争中才能实现。因此,道德修养不是一种脱离实践的"闭门思过",而是以社会实践为基础的思想斗争。离开了社会实践,就谈不上道德修养。

其次,只有坚持实践,才能贯彻道德修养的理论和实践相结合、言行一致的原则。旅游从业人员不仅要通过学习,从理论上懂得什么是善恶美丑,什么是荣誉,什么是高尚的行为,什么是卑劣的行径,懂得什么是社会主义旅游职业道德,为什么要培养这些品质,而且,更重要的是要把这些认识化为行动,按照社会主义旅游职业道德要求去身体力行,并且以此来对照自己,不断克服自身的缺点、错误和不良习惯,这样才能逐步地将自己培养成具有高尚职业道德的旅游业合格人员。

最后,职业道德修养之所以必须与实践相结合,还因为职业道德水平的提高完善,不是一朝一夕能实现的,而是一个由职业道德实践到职业道德认识、再由职业道德认识到职业道德实践的不断反复的过程。新旧职业道德观念的斗争,是复杂而长期的,不能希望在短期内见分晓,旧的职业道德的影响会在相当长的时期内起作用。要提高自己的职业道德水平,必须不断地把职业道德认识付诸实践,把职业道德情感、职业道德意志和职业道德信念贯彻到工作实践中去,变为实际行动。然后,对自己的行动进行反省、检查,并把从反省中得出的新认识再贯彻到行动中去,如此不断循环,才能不断提高,从而促使新的职业道德观念战胜旧的职业道德观念,进而达到不断提高职业道德品质的目的。

总之,旅游从业人员要在职业活动中自觉修养,并把自我修养的成果付诸实践,把职业道德修养与实践结合起来,才能不断提高职业道德水平,达到更高的职业道德境界。

(二)开展自我职业道德评价

世界上从来没有十全十美的人。由于各种原因,每个人不可避免地会有这样那样的弱点、缺点和错误。根据道德修养的特点,我们应该特别注意在内心修养方面下工夫。

自我的职业道德评价是职业道德领域里的自我认识、自我改造的过程。而认真开展自我批评也是职业道德修养的重要方法。

在职业道德修养中,要防止两种不好的做法:第一,是对自己的弱点、缺点和错误认识不足,或者是藕断丝连,甚至姑息养奸。这种斩草留根的做法和窝藏于心的现象,都是不利于修养的,在一定时期这些思想又会冒出来,使人反复动摇,影响进步。第二,对自己思想上的斗争采取被动态度,不从思想上主动去反省、检查、克服,不是自觉地进行自我斗争和自我认识及改造,而是迫于环境,敷衍了事。这种不严肃的态度、阳奉阴违的做法,既欺骗了别人,也欺骗了自己,这决不是我们新一代旅游从业人员所应持的态度。要真正开展自我批评,必须做到:

1. 自觉地对自己提出严格要求,加强自我职业道德修养

社会主义旅游职业道德作为旅游从业人员的行为规范,归根到底要通过人们的内心信念才能起作用。因此,有没有高度的自觉性,是旅游职业道德修养成败的关键。

严格要求自己,就是对自己的思想品德要有一个高标准,要有高尚的职业道德理想。我们只有以社会主义旅游职业道德的原则和规范作为自己的行动准则,以老一辈无产阶级革命家和英雄模范人物为榜样,才能经常发现自己身上的弱点、缺点和错误,促使自己不断进步。如果一个人对自己的要求标准不高,得过且过,不求有功但求无过,甚至以不违反法律作为自己的道德标准,那他就不可能正视并及时改正自己的弱点、缺点或错误,不可能提高自己的道德水平,更难以达到较高的思想道德境界。

2. 经常进行自我批评

毛泽东同志曾经把批评与自我批评形象地比做"洗脸"和"扫地",要求我们经常进行以养成习惯。他说,房子是应该经常打扫的,不打扫就会积满灰尘,脸是应该经常洗的,不洗也就会灰尘满面。我们每一位旅游从业人员,由于受多种因素的影响,在思想、工作上也会沾染上灰尘,也应该打扫和洗涤,即要经常进行自我批评,只有这样,才能真正克服缺点,发扬优点,取得进步。

3. 正确对待批评,要有闻过则喜的精神

一个人往往不容易发现自己身上的缺点、错误,有时发现了,认识也不一定深刻。正如俗语所说,"当局者迷,旁观者清"。所以除了自我解剖和自我反省之外,还必须依靠其他人的批评和监督,要有虚心诚恳的态度,善于从别人的批评中吸取对自己有益的东西,进而开展自我批评。但是,别人的批评并不都是和风细雨的,有时甚至夹杂着个人恩怨和成见,忠言也并不都顺耳。这就要求我们每一个人虚怀若谷,抱着有则改之、无则加勉的态度,既要从善如流,又要大度容人。能否正确地对待批评,也从一个侧面反映了我们是否真正严格要求自己,自觉加强职业道德品质的修养。

(三)学习先进人物,培养自己高尚的道德人格

学习先进人物,包括向老一辈无产阶级革命家、英雄人物、先进模范人物学习。高尚的道德人格,既是社会主义旅游职业道德原则和道德规范的概括和结晶,又是由一定社会、一定阶级的理想人物所体现出来的完美典型。孔子曾对他的学生提出这样的要求:"见贤思齐焉,见不贤而自省也。"(《论语·里仁》)意思是说,看见贤人,就想向他看齐,看见不贤的人,就自我

反省,有没有同他类似的毛病。这是我国古代人进行自我修养的重要经验和方法之一,今天对于我们仍有积极的借鉴意义。每一个旅游从业人员都应该学习先进者,不服先进,嫉贤妒能、讽刺打击先进都是极端错误的。

学习先进人物绝不是一阵子的事,我们都应立志以先进人物为职业道德修养的楷模,对照、勉励、鞭策自己,努力培养自己高尚的道德人格。

(四)提高精神境界,努力做到"慎独"

"慎独"是道德修养的一种重要方法,也是道德修养所达到的一种很高的境界。它是指一个人在独立工作、无人监督时,能自觉严格要求自己,自觉遵守道德原则和规范,而不做任何不道德的事。

社会主义旅游职业道德修养的实践过程中也十分重视"慎独",并赋予它崭新的内容。"慎独"依靠的是在实践中形成的内心信念来支配自己的行动,是衡量一个人道德觉悟和道德品质的试金石。

"慎独"作为道德修养的一种要求,属于很高的精神境界。如果一个人为了得到表扬和奖励,只在他人尤其是在领导者面前做一点好事,严格地说不能算是好的道德行为。在有人检查、督促或无法隐瞒的大庭广众面前不做坏事,这是一般人都能做到的;在无人监督和无人知道的情况下也不背离道德原则,那就很不容易了。但是,这又是我们必须做到的,因为遵循社会主义旅游职业道德原则必须表里如一。如果不能做到"慎独",那就很难说是一个有职业道德的人。因此,"慎独"也是检验个人职业道德品质和修养功夫的一块试金石。

提高精神境界,努力做到"慎独",对于旅游从业人员来说,具有特别重要的意义。因为我们服务的对象,大多是来来往往的旅游者,有些事情做得好一些或差一些,他们一时很难鉴别,甚至也无法知道,如企业为了保证服务质量而规定的服务规程,在我们为旅游者服务时只有我们自己才清楚;又如酒店的客房服务员在做卫生时多数是在无人监督的情况下进行的;再如导游员,往往是单身在外独立为旅游者服务……有些老职工常说:"干我们这一行,工作好与坏都出在自己手里。"的确,个人的职业道德水平和精神境界高低,决定了服务水平的高低。我们在旅游职业道德规范中所提到的"尽责尽心"、"对旅游者真诚负责"和服务"六个一样"等要求,就是"慎独"在职业活动中的体现。"慎独"要在"隐"、"微"、"恒"上下工夫。隐,就是在无人监督的情况下也能言行一致、表里如一,始终保持自己的操守;微,就是时时处处都能从细微处着手,不放过每一点有损于个人、企业形象的缺点,有了

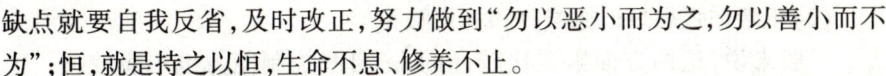

缺点就要自我反省,及时改正,努力做到"勿以恶小而为之,勿以善小而不为";恒,就是持之以恒,生命不息、修养不止。

(五)加强"自我控制"

"自我控制"是指一个人的自我调节能力,包括控制自己的情绪和控制自己的行为。许多事实证明,一个自我控制能力强的人,遇到问题可以大事化小,小事化了;反之,这方面能力差的人,就会因小失大,引火烧身,甚至付出极大代价,因此加强自我控制是非常必要的。

1."自我控制"的重要性

(1)"自我控制"能力的提高有利于"四有"目标的实现。一个人是否正常发展,能否成为国家的合格人才,除了外部条件影响外,主要取决于一个人的内在修养。内在修养如何,自我控制能力强与否,对自己的物质欲望和精神追求的调整关系极大。如果一个人能用正确的理想、信念和人生观、价值观指导自己,恰当地调整自己的情绪、行为,不断完善自己的人格,那么,他不仅能成为旅游业新一代的合格人才,而且能成为旅游行业的优秀人才。

(2)"自我控制"能力的提高有利于一个人的身心健康。旅游从业人员必须身心健康,而身心健康离不开良好的情绪控制和合理的行为调整,也就是说离不开"自我控制"。一个身体不健康、心理失调、情绪不稳定、行为不正常的人,是绝对不能胜任旅游服务接待工作的。

(3)"自我控制"能力的提高有利于社会和人际关系的和谐稳定。如果一个人的自我控制能力差、情绪易激动、惹事生非、爱搞小动作或恶作剧,那么必然会造成一连串的人际关系紧张。而旅游服务的对象是旅游者,这种人际关系的和谐与否直接反映出了服务水平与服务质量的高低。

2.怎样进行有效的"自我控制"

(1)遵循理解、尊重、宽容和信任的原则

理解是相互沟通的前提。理解要求注意倾听别人的看法,准确接受他人的信息,遇到问题能设身处地为他人着想,善于从他人的角度即运用角色变换的方式来考虑问题。尊重别人,必须以礼待人,包括使用礼貌语言和礼貌行为。还包括尊重他人的人格、意愿、情感、爱好和习惯。宽容,就是要在人际交往中肝胆相照、真诚相见,杜绝虚伪、猜疑、妒忌和偏见。理解、尊重、宽容和信任是人们交往中必须遵循的一个原则。作为"窗口"旅游行业的从业人员就更应率先遵循。

(2) 不断加强思想道德修养和文化修养

一般来说,这两方面素质比较高的人,自我控制能力也相应较强。因为,一定程度的思想道德与文化修养可以孕育人们的博大胸怀,可以拓宽人们的视野,可以帮助人们理智地看待和处理问题,使人们知道该做什么,不该做什么。

(3) 正确对待自己

正确对待自己,包括正确的自我认知、正确的自我激励、正确的自我调整三个方面。

自我认知是个体对自己的心理、生理、理智、行为以及对于自己周围事物关系的看法和评价。这是人的认识能力的一个重要方面。自我认知,是正确认识、对待自己的前提。有的人妄自尊大,过高估计自己,看不到自己的缺点,看自己是一朵花,看别人是豆腐渣;有的人妄自菲薄,过低估价自己,缺乏信心。这些自我认知上的偏差,就会导致行动上的失误。人贵有自知之明,只有恰如其分地评价自己,才能采取正确的行动,扬长避短,发展自己。

在正确认知自己的基础上,正确激励自己。自我激励是指激发自己的内在潜力,调动自身的各种因素使之处于积极状态,使自己的目标得以实现。人在社会生活中并非什么都一帆风顺,要克服困难、战胜挫折、取得成功,都离不开正确的激励作用。自我激励除了正面的榜样激励、成绩激励等之外,还有从挫折、失误和错误中吸取有益教训的负面激励。

最后是正确的自我调整。自我调整,就是根据外界的评价、要求和自身行为的结果,不断反省自身,及时调整自己不符合客观要求的行为,及时调整自身发展目标的心理行为。

以上几点,说的是一个人加强自我控制能力的内在因素,要成为国家旅游业的有用之才,就要加强自我控制。

旅游职业道德教育的方法多种多样,但概括地说,大体上有以下几种:

①传授旅游职业道德知识与进行旅游职业道德实践相结合

道德教育最反对空谈,旅游职业道德教育也一样。我们在进行旅游职业道德教育时,首先要对受教育者讲清旅游职业道德的有关知识、原则和规范,做到"晓之以理",使他们树立正确的职业道德观,提高他们分辨是非的能力,划清善恶、荣辱、美丑间的界限,使他们知道什么是道德的,什么是不道德的。同时,更要"导之以行",向他们提出严格的要求,督促他们身体力行,见诸于行动。要反对那种"语言的巨人,行动的矮子"、言行不一的不道德作风。对于旅游从业人员来讲,他们的工作就是最好的实践,可以采取一些监督措施,约束他们的言行,使其与旅游职业道德的原则、规范相一致。对于在校的学生而言,可以采取到对口单位去实习的办法,促使他们把理论上的原则、规范落实到实际工作中去,使他们在提高业务技能的同时提高职业道德水平。

②因人制宜,因人施教

旅游职业道德教育的对象是千差万别、品质各异的人。旅游职业道德教育只有遵循道德教育的客观规律,针对不同对象有所侧重,因人制宜,因人施教,这样才能使受教育者感到顺耳、顺心、顺劲,才能收到良好的效果。比如对缺乏旅游职业道德认识的人,应从传授旅游职业道德知识入手,着重提高他们的旅游职业道德认识;而对缺乏道德意志或道德意志薄弱的人,应鼓励他们在旅游工作中磨炼自己,培养坚强的职业道德意志;对确立了社会主义旅游职业道德信念的人,则应鼓励他们"百尺竿头,更进一步",提高其道德境界,等等。如果不针对职业道德品质构成因素的具体发展状态,泛泛而谈,只能是无的放矢,不会收到应有的效果。

③个人示范,榜样引导

常言道:榜样的力量是无穷的。在旅游职业道德教育中,树立优秀榜样,对培养人们的职业道德品质有很强的感染力和巨大的说服力,因为职业道德榜样集中体现了一定时代的职业道德要求和所要达到的较高道德境界,代表了职业道德的发展方向。人们从榜样身上,可以看清应该走怎样的路,做什么样的人。同时,由于一般的人,尤其是青少年,都喜欢模仿和追求卓越,总喜欢从历史和现实中选择一些典型形象进行效仿。因此,只要榜样选得真实,榜样感人、高大,就会给人以深刻的影响。在旅游行业中,这样的榜样是很多的。施教者在选取榜样时,要注意既选取古今中外优秀人物,也要选取现实生活中大家所熟悉的典型人物,以便提高榜样事迹的可信度和亲切感,使人们在潜移默化中被感染,学习的热情就会高涨。

我国大教育家孔子曾说过:"其身正,不令而行,其身不正,虽令不从。"(《论语·卫灵公》)也就是说,作为教育者,在道德教育中,除了树立道德榜样之外,其自身的言行就是最好的榜样,因为,受教育者不仅要听教育者之言,也要观教育者之行。因此,在旅游职业道德教育中,教育者要以身作则,要求受教育者做到的自己首先要做到。为受教育者树立良好形象,乃是最有说服力的无声教材。如果光说不做,甚至讲起来头头是道,做起来另外一套,那就会败坏教育者的名声,引起受教育者的反感,难于取得良好的教育效果。这就要求旅游企业的领导、旅游学校的教师,要严格要求自己,树立自己在受教育者心目中的威信。

④集体影响与旅游职业道德评价相结合

在教育过程中,还要注意尊重和信任受教育者的集体力量,尽可能发挥受教育者集体内部的相互影响和感染作用。要知道,同一集体的成员,虽然也各有差异,但他们所面临的社会关系和联系、所从事的活动、所处的地位和环境,以及所具有的心理状态和性格特征,都会有许多相同或相似的地方。

比如,客房部、前厅等,其内部成员之间的共同点是很多的,如果通过积极的组织和引导,以形成彼此信任、互相关心的气氛,就容易广泛而恰当地形成集体的正确舆论,对工作或学习中的道德行为,包括受教育者本人的道德行为,予以倡导或斥责、赞赏或批评、鼓励或鞭挞,从而敦促成员反省自己的行为,在荣辱感的激发下确立、增强行业的道德义务感和道德责任心。

成员之间通过相互学习、相互切磋、相互感染、相互激励、相互监督、相互仿效,职业道德品质便会得到提高和完善。

⑤多形式、全方位的立体教育

从构成因素看,职业道德品质由职业道德认识、职业道德情感、职业道德意志、职业道德信念和职业道德习惯等五方面组成。因此,在因人施教的同时,还必须兼以实施五个方面的教育和训练,并把它们有机协调起来,进行多形式、全方位的立体教育。从社会环境看,职业道德品质的形成需要人类全部精神财富予以滋养。在进行职业道德教育时,不能仅注重德育一方面,也要使受教育者在智育、体育、美育、劳动技能教育等方面都得到发展。从职业道德教育的形式看,道德教育应当多种多样、生动活泼并且容易为受教育者所接受。尤其在学校,更应该针对青少年活泼好动的特点寓教于乐,开展丰富多彩、行之有效的活动,如组织参观与访问,听专题报告,举办知识竞赛等等。

第四节　塑造完美的理想人格

道德理想包含两方面含义:一是指一定的道德所向往和追求的完善的社会道德制度、关系和社会道德风尚,二是指一定的道德所向往和追求的个体的完善人格。对社会中的个体而言,接受道德教育和进行道德修养,目的在于塑造完美的理想人格。

一、人格的培养

什么是人格？人格就是做人的资格和为人的品格的总和。它是对人的思想和行为进行道德评价的一个概念，是人在一定社会中的地位和作用的统一。

人格是评价人们道德行为的尺度。人们往往以人格的高低来综合评价一个人的德行。这种评价一般包括三个方面：即为人的态度是否正直诚实；待人的态度是否忠实；处事的态度是否公道。就一般情况而言，人们常常从这三个方面来衡量一个人的人格。人格还有更深的含义，人们常常把气节视为人格最重要的因素，视为人格构建中的一块基石。

我们的民族精华思想和伦理文化造就了众多的人格高尚的优秀人物。他们重气节，轻私利；重气节，轻富贵；重气节，轻生死。如司马迁、班固不避灾祸，秉笔直书；包拯、海瑞不畏权贵，铁面无私；荆柯、秋理舍生忘死，视死如归；岳飞、文天祥赤诚爱国，死而后已，他们的高风亮节也会光照千古。

当今的世界，物欲横流，社会现象繁杂，人格也是有优有劣、有高有低。有的人豁达开朗，有的人小肚鸡肠；有的人勤劳勇敢，有的人则怯懦懒惰；有的人积极进取，有的人则自暴自弃；有的人公而忘私，有的人则损公肥私；有的人坚持正义，有的人则颠倒是非、混淆黑白……这些都告诉我们，在我们每个人面前，都面临着一个人格选择的问题。

一个人选择了符合时代和人民要求的人格模式，就会走向成功、走向幸福、走向美好的未来；如果选择了错误的人格模式，就会走向失败、走向痛苦、走向不幸。每一个有良知的人，都应该努力加强自己的人格修养，追求理想的人格，把完善自己的人格作为做人的根本。

培养完善的人格，首先要自重。一个人的人格是先天素质、后天环境教育和自我修养的结合。明朝的王阳明曾用金子来比喻人格。金子的纯度越高，人格的品位就越高。如何能提高金子的纯度，很大程度上取决于自己的努力，取决于自己能否自尊自重，因为这是人格形成的内在动力。

培养完善的人格，要不断提高自我反省、自我教育、自我陶冶、自我雕琢的自觉性。我们需要不断地对自己灵魂深处非道德的思想进行自我剖析，不断对自己身上有损人格的污点进行自我清洗，从而达到自我提高、自我完善的目的。尤其在今天的市场经济条件下，我们决不能把商品交易的观念带到人际关系中来，更不能为名利、地位、金钱而出卖自己的灵魂。只有珍惜自己的人格，才能取得社会和别人对我们人格的尊重。

培养人格,要不断提高文化素质修养。知识和文化对人格的形成起着重要作用,有什么样的文化环境,就容易造就出什么样的人格。

在日新月异的现代社会中,没有文化、没有知识的人显然是不符合社会需要和发展的,而跟不上时代步伐的人必然会掉队,那样的人生也将是可悲的。因此,一个追求理想人格的旅游行业的年轻人,必须努力学习科学文化知识,从优秀的民族文明和世界进步文化中吸取养分,以培养和优化自己的人格。我们应该注意到,文化水平的高低不能决定一个人人格的高低。一些卑鄙小人中也不乏饱学之士,如清朝的大学士、大贪官和绅,还有残害动物的清华大学的研究生刘海洋。这些都证明,学历和知识不是一个人的人格和素质的反映,只有把文化知识与道德修养结合起来,文化知识才能在人格形成中起到积极的推进作用。

培养完善的人格,要通过社会实践。一个人的人格是在社会实践中形成的,一个人人格的高低也只有通过实践来检验和体现出来。因而我们要注重在实践中培育、完善自己的人格,让自己的所作所为留下人格的标记。

有什么样的人格,就一定有什么样的人格力量。人格是每个人自身的宝贵财富,是用任何代价都无法换取的。不论在任何情况下,我们都要珍视自己的人格,让高尚的人格与我们同在,我们期待着我们年轻的旅游行业工作者们,努力进取,在工作和生活中展现出更多高尚的、美好的人格魅力!

二、理解人格的含义

理想人格,是指一定道德所向往和追求的个体的完美人格,是一定社会个体的全面期望和要求,是人们直接模仿和追求的道德榜样。由于道德总是一定历史阶段的道德,总是体现和反映一定社会集团和不同阶层利益的道德,因而任何性质的理想人格都总有一定的社会基础,总要体现一定社会集团的意志,并具有时代特征。因此,可以说理想人格是一定历史条件和社会关系的产物。任何一种理想人格都是在一定历史条件和社会关系基础上形成的,并随着历史条件和社会关系的变更,而具有不同的内容和规定性。

在人类社会生活中,道德与美是既有区别又有密切联系的。一种高尚的道德行为,往往会在人们心目中引起美的感受;而一种不道德的行为或者恶行总是被人们视为丑陋而受到唾弃。同样,人们对美的追求,培养高尚的审美情趣,也会促进人们道德水平的提高和理想人格的形成。所以,塑造理想人格就不是一个单纯的伦理问题,还涉及哲学和美学。在进行职业道德活动过程中,研究它们之间的相互关系,对每个旅游工作者来说,不但是有益的,而且是十分必要的。这里,我们主要从伦理学的角度来探讨真、善、美的问题。

"真"是哲学研究的课题,"善"是伦理学研究的课题,"美"是美学的研究对象。在理想人格这一命题上,恰好殊途同归。真、善、美之间具有的内在联系,在理想人格中是不可分割的。"真"是指人们对现实社会关系及其客观必然性的正确认识,是客观事物运动、变化和发展的规律性。它是不以人的意志为转移的,但人们在实践中可以不断地认识它、掌握它,并利用它来为人类服务。真的对立面是假,假的东西是不符合客观规律的,因而也经不起实践检验。而真正的道德理想总是体现广大人民群众的利益,在实践上又有着客观的实在依据。对真理的热爱、追求、坚持和捍卫,历来都是形成理想人格的最基本、最重要的因素。按照"真"的标准来塑造理想人格,就是要求我们努力认识和尊重客观事物的本来面目,培养实事求是的品德。

"善"是评价道德行为的一种标准。善是以真为前提的。马克思主义伦理学认为,是否符合历史发展的必然规律,即是否符合广大人民群众的利益,是判断行为是非善恶的客观依据。也就是说,只有符合人民群众的根本利益、有利于社会进步和发展的行为才是善的,否则就是恶的。一个人只有充分认识到这一点,才会自觉做出有益于社会和他人的行为。我们所说的理想人格,就是要求人们的言行必须符合广大人民群众的根本利益,努力做一个为人类进步和社会发展有所贡献的人。

"美"是人们在改造客观世界的实践中获得的自由,是能引起人们审美感受的一种形象。美是以真、善为前提的,凡属于真和善的事物和行为都是美的。美作为一种意识形态,总是以一定的社会经济关系为基础的,因而总有其客观的社会标准,即审美标准。在不同时代、不同民族、不同阶级有着不同的审美标准。在道德领域,理想人格的美,就在于它符合广大人民群众的利益,与社会进步与发展相一致,是真、善、美的和谐统一。

塑造理想人格,既要使自己的思想、品德、言行、举止、风度、仪表等符合真和善的要求,又要按照美的规范来塑造自己,形成美好的形象,给人以美的感受。努力按照德、智、体、美、劳全面发展和真、善、美和谐统一的要求来塑造自己的理想人格,对于每个旅游从业人员来说,既是道德追求的庄严使命,又是提高审美素养的重要目标,也是做好本职工作的根本要求。

三、努力塑造理想人格

美的事物是现象和本质、形式和内容的统一。人格美也是如此,它是内在美和外在美的统一,即心灵美、行为美和仪容美的和谐统一,而心灵美是人格美的核心。

要达到内在美和外在美的和谐统一,塑造完美的理想人格,必须认识和处理好以下几种关系:

(1)行为美和心灵美的关系

行为是人类在认识和改造客观世界的社会实践中表现出来的有意识、有目的、自觉的能动活动。行为是意识的外化和表现形式。一个人的行为,是其道德意识、思想观点、文化水平的反映。人格有高下之分,行为也有美丑之别。美好的行为常常是高尚人格的写照,丑恶的行为则总是人格卑鄙者的表现,因此,要做到行为美,首先必须心灵美。

反映人们心灵美的行为,就是美的行为,主要在个人与社会、集体和他人的关系上表现出来。在个人与国家、集体的关系上,一切热爱祖国、忠于人民、有益于社会和人民群众的行为都是美的行为。对于旅游从业人员来说,为了旅游业的发展,努力学习、工作,毫不吝惜地贡献自己的聪明才智和力量;维护祖国的尊严,不崇洋媚外,保持民族气节;讲究社会公德,自觉遵守公共秩序等行为都是心灵美在行为中的表现。在个人与集体的关系上,行为美就是关心集体,遵守纪律,积极参加集体活动,维护集体荣誉等等。在人与人的关系上,行为美就是正直、友善,关心人、爱护人、帮助人,讲究文明礼貌。在待人接物上,行为美就是要宽以待人、助人为乐、胸怀坦荡、尊重他人、珍惜友谊。在个人修养上,行为美就是严于律己、勤奋、上进、自觉、自重等等。这些行为美反映了人们的心灵美。

(2)语言美和心灵美的关系

语言是人们表达思想感情和进行交流的重要工具。语言是思想的外壳,人们的思想、品德、情操、志趣、文化素养以至人生观、世界观等,都可以通过语言得到一定的表现。

高尔基说:"作为一种感人的力量,语言真正的美,产生于言辞的正确、明晰和动听。"语言可以表达一个人的心灵,"言为心声"就是这个道理,美的语言能表达美的心灵。

要做到语言美,首先必须努力提高自己的道德修养,塑造美好的心灵。一个思想空虚、品格低下、观念腐朽落后的人,即使在语言修辞上下了很多工夫,也只能助长卖弄辞藻、说假话空话的恶劣作风。要做到语言美,还必须加强自身文化素养和表达能力的锻炼、培养,力求做到语言简洁、明快、准确,并尽可能做到生动、流利、词汇丰富、幽默风趣、有感染力;语音和语调要清晰、优美、有节奏。要坚决杜绝粗话、脏话等不文明语言和说空话、假话的毛病。一个人如果缺乏语言方面的修养和应用能力,即使心灵很美,也不能准确地反映出来,在与人交流中会遇到很大的障碍。旅游从业人员的职业特点决定了他们必须与人进行广泛的接触和交流,因此在加强职业道德修养的同时,加强语言能力的锻炼,力求达到心灵美与语言美的统一。

(3) 仪容美与心灵美的关系

仪容美包括形体美和服饰美。仪容美是外在美,心灵美是内在美。形体美和心灵美在特定情况下没有必然的联系,形体美的人不一定心灵美,心灵美的人也不一定具有完美的形体,这是因为形体有先天的一面。但是,形体也有后天的影响因素,即社会因素和个人修养,因为人的形体和人类社会的发展有密切关系,现代人的形体是人类历史发展的结果。此外,一定时代、一定民族和一定阶级的审美观和经济发展状况,又会影响到人们如何去塑造自己的形体。所以,从人类社会的总体方面来看,形体美和心灵美也是一种表里关系。社会主义的审美观,要求我们按照社会发展的需要来塑造自己的形体。为了适应建设祖国、改造客观世界的需要,为了更好地为人民服务,旅游从业人员应努力按旅游业的特殊要求,将自己的形体塑造得健美洒脱,这本身也是心灵美的一种反映。

服饰美不仅表现人的外在美,还体现着人的精神面貌。服饰美和心灵美之间的关系比形体美和心灵美之间的关系更密切。因为自从人类进入文明时代,衣服就不光具有御寒保暖的作用,而且具有了审美价值。在阶级社会里,服饰还是地位、等级、经济状况和职业分工等方面的特殊标志。在社会主义时代,服饰更具有审美价值,而且和心灵美发生了密切的联系。服饰反映了一个人的道德修养、文化素养和审美情趣。

旅游从业人员应力求做到心灵美和仪容美的和谐统一,要根据自己的生活环境、职业身份、经济条件、兴趣爱好以及身材、肤色等做到仪容美,既具有民族和时代的特征,又整洁、大方、朴素、和谐、得体。

我们追求内在美与外在美的统一,但人的心灵美和仪容美有时是矛盾的,因为有的人仪表堂堂或天生丽质,但内心却是自私卑微的。有的人外貌丑陋,却心地善良。对于这种情况,道德审美强调心灵精神之美,认为只要精神崇高、心灵美好,即使仪容不美,也会"诚于中而形于外";相反,心灵丑恶的人,外貌再好,也引不起人的美感,一旦人们认识了其内心灵魂,其外在给人的美感便会顿时消失,代之以厌恶感,因为心灵对人的审美起着更深层次的作用。

在塑造理想人格的过程中,塑造美的心灵是最重要的。如果我们能经常加强道德修养,不断提高审美素养,既注重心灵美的塑造,又讲究行为美、语言美、仪容美等外在美的雕琢,那么,我们将成为有很高职业道德水平,德、智、体、美、劳全面发展和真、善、美和谐统一的旅游从业人员。还须强调的是,一个人的优秀品德和完美人格不是自然形成的,不是与生俱来的天赋品性,也不是一蹴而就的。它要经历一个长期不断接受教育、学习、培养的过程。通向理想人格的主要途径就在于自我陶冶和在实践中不断地锻炼。

四、旅游企业团队人格特质与团队绩效的关系

实际上,人格特质特别是完美的理想人格对员工的个体行为有着显著影响,与工作绩效之间有着重要关系,而人们往往忽略这种重要的关系,应当从以下几个方面来看这种相互关系:

1. 研究结果表明,在旅游企业中随和性、责任心和情绪性与团队绩效的相关性较大,其中情绪性与团队绩效有明显的负相关,情绪性表现越明显的团队,其团队绩效越低。而开放性和外倾性与团队绩效在本次研究中并没有发现显著的关联性。团队成员个人绩效与责任心关系较大;团队客观任务绩效与随和性、情绪性关系较大,其中情绪性有一定的负向作用;团队成长能力与除随和性外的其他性格特质都有较大关联,其中与情绪性负相关。根据以上结论,旅游企业团队成员的五大人格特质平均水平对团队绩效产生影响。责任心平均水平与团队绩效成正相关。可以认为团队的责任心水平越高,团队的绩效就会越好,因为责任心特质高的人倾向于认真负责,当团队的责任心水平高时团队会追求任务的目标更加认真负责,以达到目标的实现。随和性平均水平与团队绩效呈显著正相关,当一个团队随和性水平较高时,团队个性友善礼貌,容易信任别人,将队友看成是朋友而不是敌人,此时可以避免团队冲突的发生,有利于团队合作完成任务,促进满意度的增加。团队情绪性特质表现明显时,团队的冲突就会增加,合作满意度也低,因为情绪性特质的人情绪起伏较大,对周围的人倾向于负面想法,一旦遇到挫折和困难,就会觉得不安、沮丧困窘,情绪性特质高的团队成员之间不容易信任,降低了合作的可能性,会成为团队合作的障碍。

2. 研究结果显示,旅游企业在组织团队时要充分考虑各方面的因素尤其重点关注团队性格特质。影响旅游企业团队绩效的因素有很多,如团队环境、团队组成等,如果只强调某一因素在团队中的作用,而忽视其他因素,将降低团队绩效。研究结果看,旅游企业团队人格特质与团队绩效关系紧

密,确实会影响团队绩效的优劣。因此,在考虑团队组成时要重点考虑人格特质,这也启发我们在面对同样的技术能力、专业水平的成员时,优先选择几个特质水平高的人进入团队,特别是随和性、责任心水平高的人来参加到团队工作中,而对情绪性这一人格特质要严格控制,避免产生团队内部摩擦,减少团队管理成本,在根源上控制团队冲突的产生。

3. 通过团队人格特质来提高团队绩效时,核心因素之一是如何将团队成员的个体特征整合为团队特征。一般来说,常见的整合方法有三种:第一种为均值法。用团队所有成员特质表现的均值作为团队特征。该方法含义明确,操作简单,但有时总体不等于部分之和,简单相加可能会掩盖某些重要信息;第二种方法为方差法。将团队特征定义为团队所有成员特质表现的方差;第三种是极值法。分最优表现和最差表现两种形式,前者把表现最优成员的特质表现当做团队特征,后者则采用最差成员的特质得分。当然,团队成员对团队资源的支配能力也会制约他对团队的影响程度,因此在整合团队成员个体特质时要谨慎选择整合的方法。团队作业的性质不同、同样的作业相对于不同的人格维度都有可能要求不同的整合方法,如果团队成员有上下层关系时还要考虑核心成员和普通成员的区别。

思考题:
1. 旅游职业道德修养与旅游职业道德教育的含义分别是什么?
2. 简述旅游职业道德品质的内容。
3. 简述实现人生价值的主客观条件。
4. 论述提高旅游职业道德修养的方法。
5. 结合实际谈谈如何塑造完美的理想人格?

后 记

旅游从业人员伦理学是以旅游业者在从业过程中所应遵循的道德关系和道德标准为研究对象的,是职业伦理学的又一独立分支。

建立旅游从业人员伦理学,是旅游业对自己提出的要求。随着旅游业的不断发展,旅游业中的伦理问题日益凸显。因此,迫切要求在提升旅游从业人员职业能力的同时,强化其道德素质。建立旅游从业人员伦理学,也是旅游业者自我提升的内在需求。目前,我国各大院校并没有普遍地、系统地对学生进行职业伦理道德知识的教育。我们认为,加强学生的职业品质修养,在他们的职业生涯中是十分必要的,也有利于促使其成为具有可持续发展能力的旅游从业人员。

本书的总体结构是:从旅游专业的社会需求和专业特点出发,研究旅游企业、旅游市场、旅游消费中的伦理问题,从而构建旅游从业人员的职业道德、从业的伦理规范,以及通过对旅游职业的伦理解析,阐述旅游道德的内化,塑造旅游从业人员的完美人格。

本书由主编拟定大纲并修改定稿,主审进行全面审核,各章的撰稿人分别是:杨艳丽(第一章,第六章,第七章第一、二、三、四节),李丽(第三章、第四章、第七章第五节),孙晓(第二章、第五章、第八章)。

《旅游从业人员伦理学》得到了绥化学院校长庄严和科技处处长周全的悉心指导和大力支持;同时感谢我校党委书记顾建高同志为本书作序。在本书编写过程中,黑龙江大学张彭松博士给予了有效的帮助,黑龙江大学出版社编辑杜红艳提出了宝贵的意见,并为本书出版付出了不懈努力。在此,一并向他们表示由衷的谢意!

由于编者水平有限,无论是框架体系,还是内容阐述,尚有不少纰漏,请有关专家批评指正!

编者
2010 年 7 月 18 日